上：**「明妃出塞図」**（部分）　王昭君（明妃）は前漢の紀元前33年，後宮から匈奴王に嫁いだ和《わ》蕃公主《ばんこうしゅ》で，望郷の念も虚しく，異郷で生涯を終えた。その悲運はさまざまな伝説を生んだ。（宮素然筆。大阪市立美術館蔵［阿部コレクション］）

左：**匈　奴**　中国明代の17世紀はじめに刊行された『三才図会』に描かれたもの。

ユニフォトプレス提供

下：**呂后**　高祖（劉邦）亡き後、劉氏一族を排斥して呂一族を優遇するなど専権を極めた。ユニフォトプレス提供

左：虞美人《ぐびじん》　覇王《はおう》·項羽が垓下《がいか》の戦い（紀元前2
年）に敗れ滅亡にいたるまで連れ添った寵

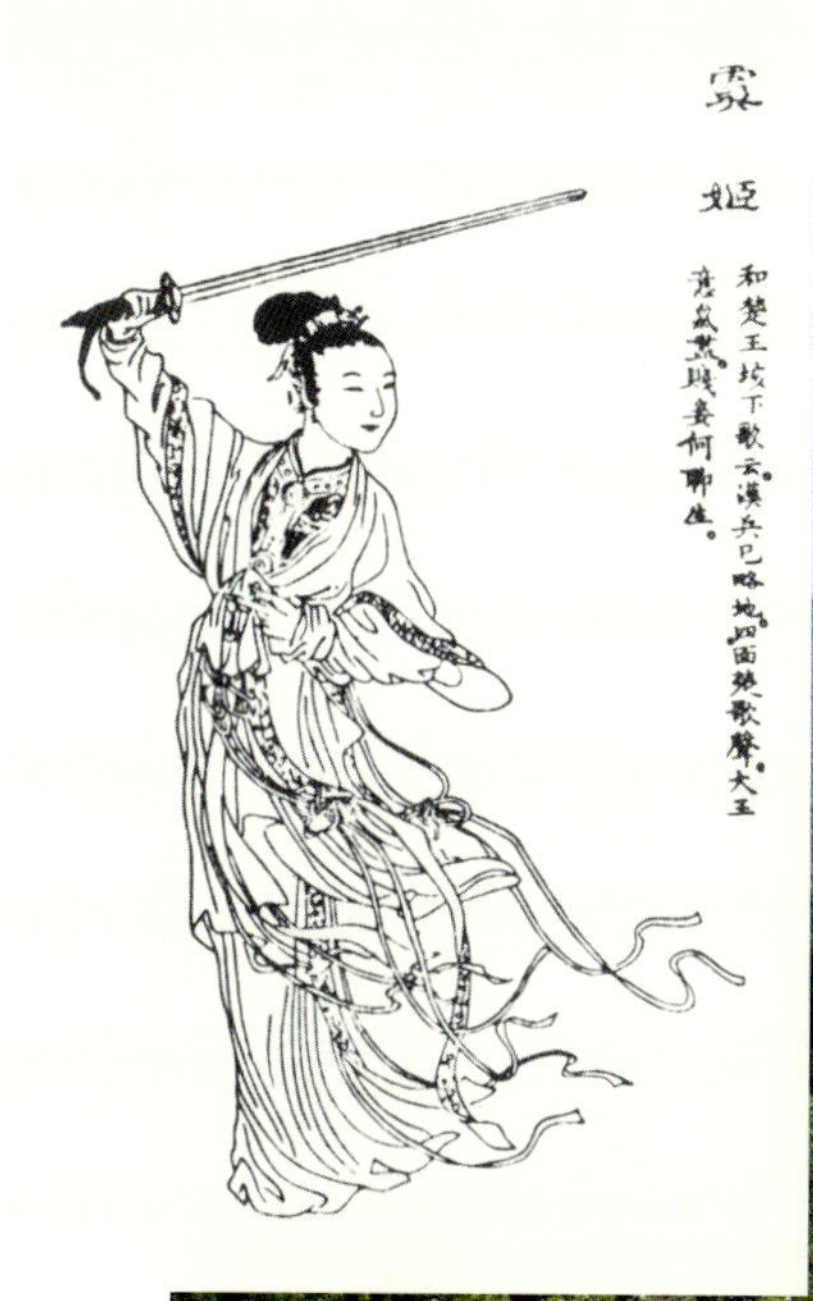

虞姬
和楚王垓下歌云。漢兵已略地。四面楚歌聲。大王意氣盡。賤妾何聊生。

現在の函谷関《かんこくかん》　武関から攻めて咸陽を陥れた劉邦，その劉邦が固めたこの関を打ち破って鴻門《こうもん》に陣した項羽，その際の歴史的な会見が鴻門の会である。アマナイメージズ提供

右：**則天武后**　唐朝の第3代高宗の皇后。みずから「周王朝」を開き，中国史上唯一の女帝となった。ユニフォトプレス提供

下：**乾　陵**　西安の西北約80kmの距離にある，高宗と則天武后の合葬陵。「以山為陵」と言われるように写真の奥にある山（梁山）が陵墓である。

新・人と歴史 拡大版 17

中国史にみる女性群像

悲運と権勢のなかに生きた女性の虚実

田村実造 著

SHIMIZUSHOIN

本書は「清水新書」の『中国史にみる女性群像』として一九八四年に刊行したものに表記や仮名遣い等一部を改めて復刊したものです。

序に代えて

本書に収めた「女性群像」を思いついたのは、すでに二十余年も昔のことになる。ちょうど京都大学を停年退職し、京都女子大学に再就職して、同大学の講壇に立った時のことであった。

それまでは、京大でせいぜい二、三十人の男子学生を相手に長年講義してきたのに、当然のことながら、百人ちかい、それも女子学生を前にしてみて、はたして、これまで通りの講義内容でよいのだろうか、という疑念が脳裡をかすめた。女子学生には、もっとふさわしい内容の講義をすべきでは、なかろうか？

こうして、一・両年かかって選んだのが、時代順に列べて「項羽と虞《ぐ》美人」、それも当時の中国秦末の歴史的背景を主に、項羽と劉邦との死闘のかげに散った一輪の名花にも似た、虞美人をとり上げることにした。

ひきつづいては、項羽を打倒して漢朝を建国した高祖劉邦の皇太子位をめぐる二人の女性、戚夫人と呂后との激しい葛藤《かっとう》を描くことにした。

つぎには、少し趣向をかえて「異境に嫁いだ公主《ひめ》たち」を主題に、烏孫王国（今日の新疆ウイグル自治区）に和蕃公主として嫁いだ江都公主の細君と、モンゴル高原の匈奴王国に嫁いだ王昭君と、少し時代は下って唐朝第二代太宗のとき、吐蕃（ティベット）王国に嫁いだ文成公主との三女性を採りあげた。

ついで、和蕃公主ではないが、二世紀の後漢末から三国時代に良家の一子女の身で、南匈奴部に劫《かす》め去られて、その一部長の夫人となり、十二年間をモンゴリア草原の幕廷に過ごした「蔡《さい》文姫」を選んだのであった。

幸いに、これらの議義は、予想外に学生たちに受けたようであったが、たまたま学年半ばで、学長に選ばれることになり、自分ながらも油ののったところで、不本意ながら講義を中断せざるをえなくなった。

やがて学長職をしりぞいても、他の研究課題にとり組んだため、その講案をつづいて考えることは、十年ばかり放置していたところ、清水書院から『清水新書』に、女性群像としてまとめるよう要請されて、一念発起《ほっき》、再び構想をつづけ、班昭を中心に両兄の班固、班超を加えて「班家の人びと」として一編にまとめ、また北魏朝の文明太后馮《ふ》氏、唐朝の則天武后、および清朝の西《せい》太后の三人の女性を「政権を握った女性」と題して、別の一編とし、都合V編をもって、本書に収めることとした。

ちなみに、清水書院と著者とは、戦後ほどへた、まだ京大在職中に、いまは亡き年友の井上智勇教授（西洋史学）から熱心に勧められて、高校世界史の教科書を共同で執筆して同書院から刊行したいきさつから、旧版の新書『人と歴史シリーズ』の監修にも関与することになったが、このような因縁で、本書の執筆をお引受けした次第である。

最後に、本書の刊行にあたっては、清水書院の新しい皆さん、とくに編集部長の渡部哲治、また校正を担当して下さった堀江章之助の各位には、一方ならぬお世話になったことを厚く御礼申したい。

一九九〇年五月一五日

田村実造

目次

序に代えて …… 3

Ⅰ

項羽と虞美人

第一節　楚・漢の抗争 …… 12

秦末の群雄蜂起／項梁と項羽の挙兵／劉邦の人となり／鴻門の会／楚・漢の抗争―劉邦の挑戦

第二節　垓下の戦い …… 26

垓下の詩／虞美人について／項羽の最期／項羽の死にざま

・補説　漢文化圏と楚文化圏 …… 37

Ⅱ

漢の高祖をめぐる二人の女性

第一節　呂后と戚夫人との葛藤 …… 44

大風の歌と鴻鵠の歌／高祖と戚夫人／呂后のまきかえし／「鴻鵠の歌」―趙王への愛着／戚夫人の末路

第二節　政権を手中にした呂太后……57
呂太后の専権／劉氏への迫害と呂氏の専横／無為の政治
第三節　項羽と劉邦の人物評価……63
家柄・性格の相違／阬殺と「法三章」／漢中放棄と懐王の弑殺／将に将たるの器／劉氏政権の強化と保持／死に望んで

Ⅲ　女流文学者班昭とその家系―班家の人びと―

第一節　女流文学者班昭……78
才媛、班昭／『女誡』七章
第二節　班家の世系……84
班家の世系／班彪
第三節　班固と『漢書』……89
班固―父の遺志をつぐ／『漢書』の編纂／『漢書』と『史記』／『史記』・『漢書』両書の社会的背景の相違／晩年の班固
第四節　班超と西域経営……100
武人、班超の夢／漢と匈奴と西域諸国／班超と後漢の西域経営／班勇

Ⅳ 異境に嫁いだ公主たち

第一節　烏孫王に嫁いだ細君……110
和蕃公主／最涯の地烏孫に嫁いだ細君／建国の英雄冒頓単于／匈奴遊牧王国の出現／漢の高祖と冒頓単于／その後の漢帝国と匈奴との関係／武帝の匈奴経略と張騫の西域行／烏孫族と月氏族／対匈奴攻守同盟策／望郷の歌―「黄鵠の歌」
第二節　匈奴王に嫁いだ王昭君―その実像と虚像……135
「悲劇のヒロイン」王昭君
㈠　王昭君の実像……136
王昭君の降嫁／匈奴の衰微／匈奴の分裂と漢朝への帰順
㈡　王昭君の虚像……144
王昭君悲話の誕生／王昭君悲話の大衆化と背景／〝青塚〟伝説
第三節　吐蕃（ティベット）王に嫁いだ文成公主
―唐とティベット王国との関係を背景に……155
吐蕃王国と吐谷渾／唐と吐蕃の関係／文成公主の降嫁
第四節　「蔡文姫、都に帰る」史話……164
胡騎に劫め去られた蔡文姫／蔡文姫について／後漢末の政

治の乱れ／黄巾の乱と軍閥の混戦／悲憤の詩／南匈奴部と後漢帝国との関係／南匈奴部の反乱と分裂／帰都の実現／母子別離の情

V　政権を握った女性たち

第一節　北魏朝の文明太后……182
文明太后馮氏の出自／北魏建国期の政情／馮太后の簾政／官俸の制定／均田法について／計口受田制と隣保互助策／北魏均田制の評価／再編整備された隣保組織「三長制」／三長制の実施／三長制施行の時期／仏教の復興―文明太后の崇仏

第二節　唐朝の則天武后……206
皇后の座をねらう武照儀の執念／武后、朝政を独裁する／武周革命―皇帝になった則天武后／竜門石窟の造営／ササン朝ペルシア文化・文物の移入

第三節　清朝の西太后……219
離宮に逃避した咸豊帝／二人の太后による垂簾政治／西太后政権の誕生と狂乱怒濤期／近代化運動―戊戌の変法・自強運動／義和団運動／西太后政権下の立憲運動／辛亥革命と清朝の滅亡／執政者としての西太后の評価

さくいん……232

I

項羽と虞美人

第一節　楚・漢の抗争

項羽《こうう》と虞美人《ぐびじん》との悲恋を、歴史上に浮かび上がらせたのは、楚《そ》（項羽）・漢《かん》（劉邦《りゅうほう》）の抗争である。この戦いは、楚王項羽と漢王劉邦との覇権をめぐる死闘として知られているが、そのフィナーレをかざるのは「垓下《がいか》の戦い」である。

そこで話しを、その歴史的背景ともいえる「楚・漢の抗争」から説きおこすことにしよう。いや、もっと遡《さかのぼ》って、項羽と劉邦との挙兵について語る必要がある。

❖秦末の群雄蜂起

紀元前二二一年、といえば日本では弥生時代のはじめごろであるが、中国では、戦国時代の六雄国といわれる趙《ちょう》・楚《そ》・斉《せい》・魏《ぎ》・燕《えん》・韓《かん》の諸国をつぎつぎに併合して、長年にわたって分裂してきた中原《ちゅうげん》に、ひとまず統一をもたらした秦《しん》国王の政《せい》、のちの始皇帝《しこうてい》が秦帝国を創り上げた年である。ところが春秋・戦国時代以来数百年間、自由な風気になじんできた中原の人びとの間では、秦帝国の厳しい法律づくめの法家的一統政治をよろこばず、ときあらば反乱をひきおこそうとする気運が容易にとれなかった。

このような不安定な政情のうちに、たまたま始皇帝が東方巡幸の途次、北中国の沙丘（河北省平郷）で急死すると、この機に乗じて、これまで外国遠征や大土木工事による労役や徴発になやまされてきた民衆の不満は一挙に爆発し、翌年にはまず楚国の東北部、いわゆる西楚——ここはいまの淮河《わいが》流域の安徽《あんき》省・江蘇《こうそ》省北部地区で、当時富も文化も中原につぐところであった——に反乱の火の手があがった。その首謀者は、農民出身の陳勝《ちんしょう》と呉広《ごこう》とであった。かれらは土木工事に動員されて首都の咸陽《かんよう》（西安）におもむく途中、大雨にあって日限におくれたため法律上死刑に処せられる運命にあった。秦では徴発の期限におくれたものは、理由の如何を問わず死刑を免れることはできなかった。そこで、かれらは同じ死ぬならと、西楚の彭《ほう》城（江蘇省徐州市）を中心に反乱に立ちあがった。

この挙兵は、中国史上最初の農民反乱ともいわれるが、このとき陳勝がかかげたスローガンがおもしろい。

王・侯・将・相あに種あらんや。

もっとくだいていえば、

人間男子と生まれたからには大事《でっかいこと》をせよ。王侯・大将・大臣とて別にちがう人間ではない。

死ぬ覚悟でやれば、だれでもなれる。

という意味である。このスローガンは二千数百年前の一農民の口から出たとは思えないほど、人間平等の意識——天は人の上に人をつくらず——にめざめたことばであり、春秋・戦国時代以来中原民衆の自由で反骨的な風気を、一言のうちによくいいあらわしていると思う。

陳勝・呉広によって点火された農民反乱の火焔《ほのお》は、たちまち全土に波及し、やがて秦の厳しい統一政治に反感をいだく豪傑や游俠《ゆうきょう》の徒が、旧六国の王族や貴族たちを擁して各地に兵をあげた。秦末の群雄蜂起といわれるものである。これらの群雄のなかで、最後までいちだんと強い光を放っていた二つの星があった。楚の項羽と、のちの漢の高祖・劉邦とである。

❖項梁と項羽の挙兵

項羽、名は籍《せき》といい、戦国の七雄国の一、楚国の将軍の一人で、項（河南省項城県）の城主の家柄の出である。楚国といえば、前八世紀ごろの春秋時代には揚子江（長江）中流域の郢《えい》、いまの湖北省江陵県を本拠としていた大国であるが、やがて前五世紀ごろの戦国時代には、揚子江下流域にまで勢力をのばし、一時は江蘇省北部から山東省南部の莒《きょ》県まで進出したこともあった。そして前三三四年には越《えつ》をほろぼして揚子江下流域のデルタ地帯も完全に制圧している。したがって、楚の領域は漢江《かんこう》と揚子江の中・下流域の大半と、淮《わい》河の流域までを、おおっ

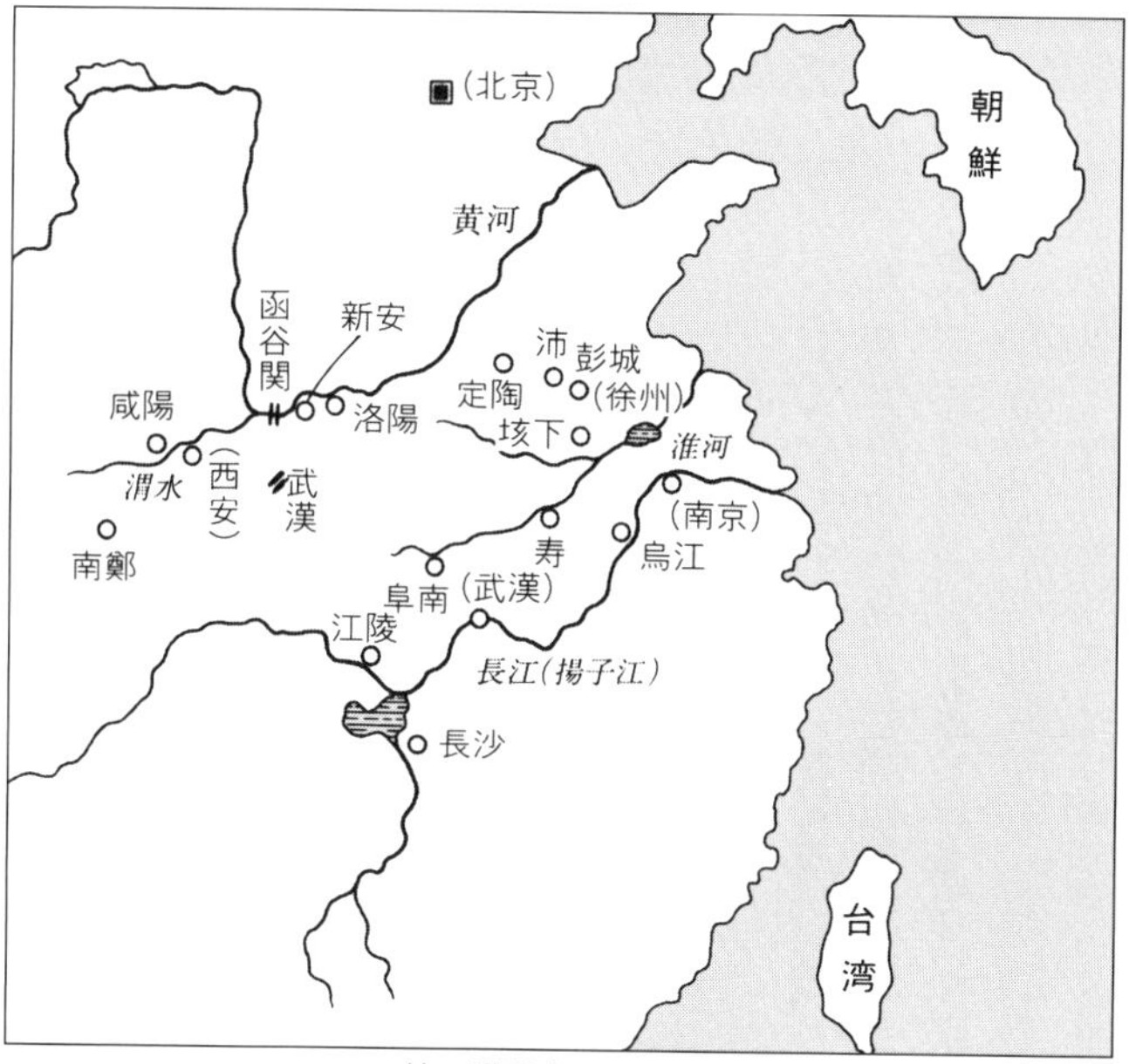

楚・漢戦争関係略図

ていたと考えられる。されば、司馬遷《しばせん》の『史《し》記《き》』の「蘇秦伝」にも、楚国の領土の広大さをたたえて広袤《ぼう》五千余里におよぶといっている。

ところが、この楚国も前四世紀後半に懐王（前三二八〜二九九）が立つと、この王は優柔不断で、主体性に欠けるところがあったため、このころから西北の強国秦と北の山東の斉《せい》国とから圧迫されて衰えはじめ、前二七八年には白起がひきいた秦軍に都の郢《えい》を陥れられて、前二五三年には東北の陳の旧都郢陳《えいちん》（安徽省阜《ふ》陽県）に都を移し、さらに前二四一年には、三たび移って寿春（安徽省寿県）に遷都したものの、ますます国力は衰えるばかり、八年後の前二二三年、ついに秦にほろぼされた。

さて項羽は、楚国の末期に名将とよばれた項《こう》燕《えん》の孫といわれ、下相（江蘇省宿遷県）の生まれである。幼くして父を失ったので、叔父の項梁《こうりょう》に育てられ、亡国の士となって各地を流浪した。秦の始皇帝が沙丘に頓死し、陳勝・呉広らが反乱をおこすと、項梁も項羽とともにこれに応じ、会稽郡守を斬ってみずから郡守となり、呉中（江蘇省蘇州）に倒秦の兵をあげて、時をうつさず江東（揚子江下流域）の子弟八千人をひきいて江を渡り北征の途にのぼった。

かれらは途途《みちみち》大小の流民集団を吸収しつつ北進をつづけ、淮河を越えて彭《ほう》城の西方に位置する下邳《かひ》（江蘇省邳県）に陣したときには、六、七万人の軍団にふくれあがっていた。さらに項梁は陳勝（陳王）が部下の手にかかって殺されたことを聞知すると、その残党たちも併せた。軍師の范増《はんぞう》を幕下に加えたのも、ちょうどそのころであった。

やがて項梁は、この范増の計にしたがって、旧主にあたる楚最後の懐王の孫が落魄《らくはく》して民間で羊飼いになっていたのを探し出し、擁立して同じ名で懐王——のち義帝《ぎてい》と称す——と称した。こうして項梁の軍団には、秦討伐の大義名分がととのったわけである。

ちなみに別将としての項羽は、項梁の本軍とは別の一軍団をひきいて西北方を進み、要衝襄城（河南省）を陥れ、頑強に抗戦した秦軍の捕虜数百千名を無残にも阬《あな》うめにして殺したという。この蛮行で項羽の悪名は人びとを震いおののかせた。

さて項梁は懐王を奉じてからも、いたるところで秦軍を破って破竹の進撃をつづけたのち、ついに定陶において、はじめて秦の正規軍と戦い、将軍の章邯《しょうかん》に敗れて、あえなく戦死した。

かれの死は、まことにあっけないほど突然であったので、総指揮官を失った楚軍としては、陣容の立て直しをはからざるをえなかった。

そこで、これまで項梁の部将としてともに活躍してきた項羽と劉邦とは、懐王の命によって軍を分かち、それぞれ別行動をとって秦都の咸陽《かんよう》（西安市）をめざすことになった。このとき懐王は諸将を激励して

さきに入って関中《かんちゅう》（畿内）を定めた者を、関中の王としようと約束した。

項羽は項梁の本軍である楚軍をひきい、河北各地に秦軍を撃破しつつ、やがて黄河を渡り、ついにめざす宿敵章邯の大軍を鉅鹿《きょろく》の野に撃滅して章邯を捕虜とした。かくて赫赫《かくかく》たる戦果をあげたものの、その軍士は勝利に酔うて軍紀をみだし、あまつさえ洛陽の西方新安城では、投降した秦軍二十余万人（？）を、このたびも阬《あな》うめにして惨殺したのをはじめ、各地で残忍・非道な所行《しょぎょう》が多かったので、人びとは項羽のひきいる楚軍団に対して、ひどく失望したばかりでなく、怨嗟《おんさ》の声は途上にあふれたという。

❖劉邦の人となり

項羽のライバル劉邦についてみると、かれは沛《はい》（江蘇省沛県）の自作農の三男である。その人となりについて『史記』の「高祖本紀」によれば、少しほめすぎの点はあるが、

情深くして人を愛し、人びとを恵み、その心は寛容で太っ腹であった。しかし、かれは生業である農作業には身をいれず、酒と色とを好んだ。

とあるから、いわゆる游侠の士といえば聞こえはよいが、侠客肌の遊び人風の男であったようである。それでも、かれは長じて下級試験をうけ、泗水《しすい》駅(安徽省泗県)の亭長《ていちょう》(宿駅の長)となっているところからみれば、低い身分ながらも官吏のはしくれにまで出世していた。

秦の地方制度では、県以下の自治体として十里(部落)ごとに一亭《てい》を設け、十亭を一郷《きょう》とした。亭には亭長をおいて亭の事務を主《つかさど》らせ、里民に訴訟やもめごとがあれば、亭長や部下の卒吏《そつり》らが調停・裁判にあたった。そのほか亭長は国の力役《りきえき》があれば、里民を引率して夫役《ふえき》に応じた。劉邦の游侠的性格は、かれが泗水亭長になると、多くの人びとをひきつけた。後年漢朝開国の功臣となった蕭何《しょうか》・周昌《しゅうしょう》・樊噲《はんかい》らは、この前後ごろ劉邦の人となりにひかれて、その輩下に馳せ参じた人びとである。

やがて陳勝・呉広が兵をあげると、劉邦も沛の県令(知事)を殺してこれに応じ、衆人から推されて沛公と称し、赤旗をシンボルマークとした。かれは陳勝が斃れてのちは、項梁の部将となって懐王を奉じた。

❖ 鴻門の会

楚・漢抗争の序幕ともいえるのは、有名な「鴻門《こうもん》の会」である。項羽のひきいた楚の本軍が、鉅鹿に章邯の精鋭を撃滅し、また要衝新安城を攻略して、秦の東正面の函谷関《かんこくかん》をめざしたのに対し、劉邦の軍団は、河南に転戦し高陽（陳留）、開封《かいほう》などの諸城を経略したのち、函谷関の難関をさけて南下し、東南境の一関門である武関《ぶかん》を破って藍田《らんでん》に入り、覇水《はすい》のほとり覇上《はじょう》に達したとき、秦の三世皇帝子嬰《しえい》の降服をうけた。こうして関中への一番乗りを遂げたのは劉邦であった。ちなみに、これよりさき二世皇帝胡亥《こがい》は宦官趙高に弑《しい》せられて、胡亥の兄の子の子嬰《しえい》が趙高を殺して三世皇帝をついでいた。

さて関中に入った劉邦は軍を覇上に駐め、まず関中各地の父老たちを集めて秦の苛酷な法律を撤廃することを宣言したのち、以後㈠人を殺す者は死刑、㈡人を傷つける者は処刑、㈢他人の物を盗む者は処罪するという簡単明快な法令を申し渡した。これが有名な「劉邦の法三章」であるが、これによって関中における劉邦の人気は一挙に高まっていった。

項羽軍が関中東正面の函谷関に達したのは、劉邦におくれること二ヵ月後であった。かれは関門をかためていた劉邦軍を武力排除して入関し、咸陽東方新豊台の鴻門に陣した。こうして覇上の劉邦軍と鴻門の項羽軍の間に一触即発のにらみあいがつづいた。しかし形勢の不利をさとった劉邦は、自ら項羽の本営に赴いてその労をねぎらうことにした。史上に名高い「鴻門の会」である。

この会見で、項羽は軍師范増の進言でライバル劉邦の暗殺を企図したが、劉邦はつきそった張良《ちょうりょう》の智謀と樊噲《はんかい》の勇猛のはたらきとで危うく虎口を逃れることができた。司馬遷は『史記』第七巻、「項羽本紀」のなかで、もちまえの麗筆《れいひつ》をもって「鴻門の会」について、項羽・劉邦両雄の応対や謀師《ぼうし》である范増と張良とのかけひき、さては樊噲の猛猛《たけだけ》しい活躍などを描くが、その筆致は二千百数十年前のできごとを、あたかも眼前に彷彿《ほうふつ》たらしめるものがある。そこで少し長文ではあるが、「項羽本紀」のこの部分をつぎに要訳してみよう。

この時楚王項羽の兵四十万、咸陽の東方、新豊の鴻門にあり、他方沛公《はいこう》（劉邦）の兵は十万、覇上にあり。范増は項羽に説いて曰く、

沛公は（中略）いま関に入るも人々から賦物《ふもつ》をとることなく、婦女子も納れて幸（寵愛）することとなし、これ、その志は小にあらざるなり。（中略）急ぎ撃《まみ》って失う勿《なか》れ。

と。沛公はあくる日、百余騎を従えて来り鴻門に至り項王に見え、謝して曰く、

臣はさきに将軍《あなた》と力を戮《あわ》せて秦を攻め、将軍は河北に戦い、臣は河南に戦う。しかれども自ら意《おも》わざりき、さきに関内に入って秦軍を破り、また将軍とここに見《まみ》えるを得んとは。いま小人の言あり——沛公の臣の左司馬曹無傷の中傷をさす——、将軍をして臣と郤《すき》あら

しめんとす。

と。項羽曰く、

これ沛公の〔臣〕左司馬曹無傷これを言えり。然らざれば、籍（項羽）何をもって此《ここ》に至らんや。

と。項王は沛公を留めて與《とも》に飲む。項王と叔父の項伯《こうはく》とは東嚮《むき》して坐し、亜父范増は南嚮して坐す。沛公は北嚮して坐し、張良は西嚮して侍す。范増しばしば項王に目《めくば》せし、佩《お》ぶる玉の玦《けつ》を挙げて示すこと三たび。項王黙然として応ぜず。

ここにおいて、張良は軍門に至り樊噲に見《あ》う。樊噲曰く「今日の事《こと》、いかん」と。良曰く「はなはだ急なり」、（中略）噲曰く「これ迫れり、臣は入りてこれと命を同じうせん」と。噲は剣を帯び、盾を擁して軍門に入る。衛士止めて入れざらんと欲す。樊噲その盾を側《そば》だてて衝《つ》く。衛士地に仆《たお》る。噲ついに入りて、帷《とばり》を披《ひら》き、西嚮して立ち目を瞋《いか》らせて項羽を視る。頭髪は上を指し、目眦《まなじり》はことごとく裂く。項王剣を按じ跪《ひざま》づきて曰く「客は何《なに》為《す》る者ぞ」。そこで張良は「沛公の参乗《つきそい》（陪乗者）で樊噲なる者なり」という。項羽曰く「壮士なり、これに卮酒《さかづき》を賜え」とて、斗卮酒《とししゅ》（一升入りの杯）を与う。噲は拝謝して起ち、立ちながら飲む。

項王曰く「壮士、能くまた飲まんか」と。樊噲曰く「臣、死すら避けず、卮酒安《いず》くんぞ辞するに足らん。」

沛公起ちて厠《かわや》に如《ゆ》く。因って樊噲を招きて出でしめ、遂に去らんとし、張良をして留まって謝せしむ。（中略）沛公已《すで》に去り、間《ひそか》に〔自〕軍中に至る。張良入り、謝して曰く

沛公、柄杓《ひしゃく》に勝《た》えずして（酒に弱いので）辞する能わず。謹みて臣良をして白璧《たま》一双を奉じ、拝して大王（項羽）の足下に献じ、玉斗一双は、再拝して大将軍（范増）の足下に奉ぜしむ。

と。項王曰く「沛公は安《いず》くに在りや」と。良曰く、

大王、これを督過せんとする意ありと聞き、身を脱れて独り去る。すでに〔自〕軍中に至らん。

と。亜父は玉斗を受けて地上に置き、剣を抜き撞《つ》いてこれを破り、

唉《ああ》、豎子《じゅし》（項羽をさす）、與《とも》に謀《はか》るに足らず、項王の天下を奪うものは、必ず沛公なり。わが属《ともがら》はいまや、これが虜《とりこ》とならん。

亜父范増の予言は、不幸にして的中し、やがて五年後には項羽みずからの破滅を招くことになった。

ちなみに、徳川時代以来今日まで、わが国でもよく口にされるようになった「豎子（こども・小僧）ともに謀《はか》るに足らず、云云」の語のルーツは、このときの范増の一語である。

❖楚・漢の抗争――劉邦の挑戦

さて、秦都咸陽に入城した項羽は、三世皇帝子嬰を殺して秦朝をほろぼすと、つぎには叔父項梁が擁立した懐王義帝をも彭城《ほうじょう》から追放し、みずから「西楚の覇王」と称して天下に号令し、群雄諸侯を各地に封じて論功行賞を行った。そのとき項羽は、さきの懐王と諸侯との約束――関中に一番乗りした者が関中の王に封じられる――を無視して、まっ先に入関した劉邦を漢王として、巴《は》（四川省重慶地方）、蜀《しょく》（四川省成都地方）、漢中（陝西省南部）を与え、西南の四川省境に近い辺地の南鄭《てい》（陝西省南鄭県）に封じこめ、みずからは中原をふくむ九郡を領有して東のかた彭城に都した。

劉邦を巴蜀の地に封じた項羽のいい分は「巴・蜀もまた関中の地である」であったが、なんとも苦しい自己弁護ではある。

南鄭に移封された漢王劉邦は、項羽が咸陽をすてて彭城に東帰すると、またたく間に関中全域を併せて櫟陽《やく》（西安市の東北）に本拠を移し、項羽の論功行賞に不満をいだく関東の諸侯と気脈を通じつつ、たまたま漢二（前二〇五）年項羽が義帝を弑殺《しいさつ》すると、その無道を難じて宣戦を布告した。りっぱな大義名分をかかげた挑戦である。

そこで両雄は、いよいよ中原をはさんで東西に対決することになったが、史書はこれを「楚・

漢の抗争」という。この戦いについては、『史記』第七巻、「項羽本紀」と第八巻、「高祖本紀」とに詳しいが、戦いの経緯《いきさつ》について詳述することは、本書の主題（女性群像）にも外れるので省略して以下結論だけにとどめたい。

さて楚・漢抗争の主要な舞台は、太行山脈が黄河および洛水をよぎるあたり、今日の河南省中央部の滎陽《けいよう》から汜水《はんすい》のあいだであり、それは中原をめぐる関西方（関中）の漢軍と関東方の楚軍との争覇戦であった。両雄はここで死闘をくりかえすこと五ヵ年、戦いは終始楚王項羽の優勢裡にすすめられ、漢王劉邦は父母妻子を捕えられて人質にされるなど、いくたびか最後かと思われる苦境に立ったが、劉邦のねばり強さと、張良・陳平《ちんぺい》らの智謀と韓信《かんしん》・盧綰《ろわん》らのすぐれた戦略と、さらには蕭何《しょうか》の政略とに助けられて、ついに垓下《がいか》の決戦で項羽をたおし、勝利の栄冠をにぎることができた。

さて楚・漢抗争中における項羽と劉邦との戦いぶりをみると、まさに項羽の武力と劉邦の智力との戦いであった。項羽は自分の武力に絶大の自負をもつのに対し、劉邦は、かつて成皐《せいこう》の広武山に楚・漢両軍が対峙したとき、項羽が

願わくば漢王に戦いを挑み雌雄を決せん。

とつめよると、劉邦は笑いながら

われはむしろ智を闘わそうとも、力を闘わすことはできない。（『史記』第七巻、「項羽本紀」）

といって、武力ではかなわないが、智力で闘おうと、かるく項羽の挑戦をかわしている。項羽の挑んだのは一個人の武力であり、匹夫の勇であるが、劉邦の智力とは、そのブレーンたちの衆智を結集した総力であった。したがって、このときも項羽が短期決戦を挑んだのに対し、劉邦は長期持久戦をのぞんだ。劉邦はもちまえの包擁力と忍耐力とで衆智、総力を結集して最後の勝利をかちえたのであった。

第二節　垓下の戦い

❖垓下の詩

垓下《がいか》の戦いは、楚王項羽と漢王劉邦との命運を決めた一戦として知られるが、そのクライマックスを彩るのは「垓下の詩《うた》」であろう。

わが力は山をも抜き、わが気力は一世を蓋《おお》う。だのに、天の命運はわれに利あらず。愛馬の騅《すい》は逝《すす》まぬ。騅が逝まぬのはどうしたことか。虞《ぐ》よ虞《ぐ》よ、そなたをなんとしようぞ。

力抜山兮気蓋世
時不利兮騅不逝
騅不逝兮可奈何
虞兮虞兮奈若何

『史記』の「項羽本紀」にみえるこの七言四句の楚辞調の詩《うた》は、秦帝国をほろぼして西楚の覇王と称した楚王項羽が、漢王劉邦との最後の決戦に敗れて、垓下（安徽省霊壁県）で漢軍の重囲に陥ったとき、その夜、陣中に部将たちと訣別の酒をくみかわし、包囲軍が合唱する楚歌の声を聞きながら、愛馬の騅（あお）と愛妾の虞姫とを前にして吟じた詩《うた》で、いわゆる「垓下の詩」とか「虞美人の詩」などと伝えられる詩である。

ちなみに、わが国でも一般に知られる「抜山蓋世」の語句は、項羽のこの詩に由来すると伝えられるが、この詩が『史記』にみえるにしても、はたして、これが項羽自作のものかどうか、真偽のほどは確かではない。

垓下の戦いは、漢五年の冬十二月のことであると、後漢末の荀悦《じゅんえつ》の著『漢紀』はいう。項羽はこのとき忼慨《こうがい》のあまり、はらはらと涙して、この詩をくりかえし吟じたという。また司馬遷はこのときのありさまを『史記』の「項羽本紀」に、つぎのように伝える。

項王（項羽）の軍は垓下にとりでを築いたが、兵は少なく食も尽きた。漢の軍および諸侯の兵は、このとりでを数重にもとり囲んだ。夜中に漢軍が四面で楚の歌をうたうのが聞こえた。そこで項王は大いに驚いて曰く、「漢軍はもはや楚〔の大半〕を手に入れたのであろうか、なんと楚人が多いことよ」と。

そこで項王は、夜起きて帳中《テント》で酒を飲んだ。かたわらに美人がいて名は虞《ぐ》といい、いつも寵愛されて項王に従っていた。また騅《すい》とよぶ葦《あし》毛の駿馬《しゅんめ》もおり、項王はいつもこの馬に乗った。このとき項王は哀調をおびてうたい、心たかぶって「垓下の詩」を自作した。こうしてかれはこの垓下の詩をくりかえしうたい、かたわらの虞姫もこれに唱和した。ときに項王ははらはらと、いくすじかの涙を流した。左右に侍した武将たちもみな泣き、顔をあげるものもなかった。

司馬遷の『史記』は、このときから約八十余年も後に書かれたものだから、はたしてこのとおりの光景であったかどうか、わからないが、『史記』はこの楚・漢戦争前後のことは、主として当時の楚出身の儒生で、漢の高祖に重用された陸賈《りくか》の『楚漢春秋』や、あるいは司馬遷がまだ若い二十歳前後ごろ、この地方を旅して採集した伝承や故老たちからの伝聞などを参考にして、かれ一流の麗筆に托したものである。

このとき項羽の詩にあわせて攻囲中の漢軍がうたったという楚歌については、唐の張守節《ちょうしゅせつ》の『史記正義』には、顔師古《がんしこ》の見《かんがえ》を引いて、楚人の歌で「呉謳《ごのうた》」「越吟《えつのうた》」だろうといい、おそらく劉邦は垓下の勝ち戦さを祝って、その本営中でみずから楚歌をうたい、それにあわせて愛妾の戚《せき》夫人が楚の舞を舞ったのであろうと註している。

おもうに劉邦は、このとき項羽軍の士気をくじくための謀略として、攻囲中の兵士にこの楚人歌「呉謳」「越吟」をうたわせたのであろうが、その計はみごと図にあたったわけである。

❖虞美人について

劉邦の愛妾戚夫人が楚の舞を舞ったことに関連して、項羽の寵姫虞美人《ぐびじん》についてもみてみよう。
『史記』には虞は名といい、『漢書』は姓というが、おそらく『漢書』の方が正しく、虞はこの女性の姓であろう。伝えられるところでは、虞姫《ぐき》の一族は、山東の領主斉国の官僚であったが、斉国が家臣の田《でん》氏に奪われると、虞氏一族は田氏討伐に向かった項羽軍に内応しようとして、その企てがばれ、かの女が十四、五歳のとき両親も田氏の軍に斬られたため、天涯の孤児として路傍に投げ出されていたところを、折りよく行軍中の項羽の目にとまって救い出され、やがてまだ正妻をもっていなかった項羽の愛妾《あいしょう》として陣中に留められ、楚・漢の戦いの数年間を通じて、常に項羽と形影相伴いつつ、ついに垓下にたどりついたのであった。このような項羽と虞姫との出会いは運命的というほかあるまい。

ちなみに、虞美人の「美人」は、普通名詞ではなく、劉邦の愛妾戚夫人や唐の玄宗《げんそう》皇帝の寵姫楊貴妃《ようきひ》などの「夫人」とか「貴妃」などと同じく、後宮の女官の位階を示す名称で、楚王項羽の寵姫虞氏の意である。

さて唐の張守節の『史記正義』には、陸賈の『楚漢春秋』によったとして、垓下の帳中での項羽の「垓下の詩」に唱和して虞姫も

漢の兵はすでにわが地を略し、四方に楚歌の声がする。わが大王（項羽）の意気がつきてしまったうえは、妾《わらわ》もなんぞ生《いのち》を安んじられようぞ（漢兵已略レ地、四方楚歌声、大王意気尽、

賤妾何聊《ヤスンゼ》レ生《ン》

とうたったという。この虞姫の詩《うた》について、前記の『楚漢春秋』には、後世の付加、ざん入が多いという点から、学者のあいだに、後人の偽託《ぎたく》とする説もある。しかしこの五言詩が、たとい後人の偽託であるにしても、最後まで項羽に殉《じゅん》じようとする虞姫の一途《いちず》の心情をよく詠《よ》みあらわしているといえよう。虞姫こそは、楚・漢抗争のかげに散った一輪の名花といえよう。

『史記正義』は、唐初の魏王泰らの撰である『括地志《かっちし》』を引いて

虞姫の墓は、濠州定遠県（安徽省定遠県）の東六十里に在る。長老たち伝えいう、項羽の〔虞〕美人の塚である。

といえば、かの女の墓所は、安徽省東城（定遠県の東南）の近くに在ったことが知られる。かれこれ思いあわせると、かの女は、項羽に従って垓下の囲みを脱出したのち、項羽が陰陵（江蘇省定遠県の西北）で道にふみ迷って、漢の追討軍に追いつかれ、従騎二十八人とともに、東に道をとって東城におもむく途上で、項羽にみまもられながら、そのみじかい生を終えたもののようである。

さすれば、たとい薄命ではあったにしても、かの女は幸せな最期をとげたものといえよう。事実はたしてそのようであったか、どうかはわからないが、すくなくとも、その墓の所在を信じるかぎり、このように推測しておきたい。

ともあれ、虞姫は楚・漢戦争のかげに咲いた一輪の美人草であった。美人草といえば、わが国の謡曲「項羽」は、観世二代目の世阿弥《ぜあみ》——室町初期、足利義満《あしかがよしみつ》に仕える——の作といわれ、項羽と虞美人とを立役にするが、この書は当初、「美人草」という題名であったという。楚漢の戦いのかげに咲いた項羽と虞姫との悲恋物語は、かなり古くからわが国にも伝えられていたことがわかる。

❖項羽の最期

垓下の戦いの劉邦軍の主力は、淮陰侯韓信のひきいる軍士たちであったが、戦いに敗れた項羽は、逃れて南のかた揚子江畔の烏江《うこう》（安徽省南京市の西南対岸）めざし退去していった。かさねて『史記』の「項羽本紀」をみると、項羽の最期をドラマチックにもりあげている。

それによると、別れの酒宴を終わったのち、項羽は夜陰に乗じ麾下八百余騎をひきいて漢軍の重囲を突破して南走し、淮水《わいすい》を渡渉してようやく陰陵にたどりついたものの、この間一〇〇余キロあまりの強行軍に従う騎馬は百余騎にすぎなかった。そのうえ道に迷って大沢中にふみ入り、ついに漢の追討軍に追いつかれる羽目になった。

そこでかれは東方に道をかえて東城にゆきついたときには、従騎はさらに減って二十八騎にすぎず、背後にせまる漢騎は数千、とうてい逃れがたいことを覚《さと》った項羽が、その部下たちを

ふりかえって言ったことばは、

われ兵を起こしていまにいたる八年、自ら戦うこと七十余戦、いまだかつて敗北したことなく、ついに天下の覇者となった。しかるに、いまここで、このような羽目になったのは、天がわれを見すてたからで、わが戦いの拙《つた》ないせいではない。いまじぶんは死を決意した。そこで諸君のためにこれから決戦し、三たび戦ってかならず勝ち、諸君のために敵の囲みをやぶり、敵将を斬りその旗をうばって、諸君に、天がわれを亡ぼすのであって、わが戦いの拙ないせいではないことを知らしてやろう。云云（『史記』「項羽本紀」）

この『史記』の一文は、司馬遷がさきの「垓下の詩」に対応させて記述したものであろう。項羽は「わが力は山を抜き気は世を蓋《おお》う」ほどと過信する自己の武力と気力とを、いまや死を目前にしながらも、部下たちに誇示しようと決意した。そしてかれはその決意どおり、約束どおり、漢軍の先鋒と戦って、敵将と一都尉とを斬り、数十百の敵をたおし、また敵の手から旗をうばったのであった。

こうして項羽は、ここでも敵の重囲をやぶって脱出し、東南のかた烏江に走った。『史記』には「ここにおいて項王は東のかた烏江を渡らんと欲す」とあって、この瞬間まで項羽は烏江（南京の西南対岸、安徽省）から揚子江を渡って、かれが最初に兵をあげた江東に逃れ、再起をはかる考えであったことを伝えている。（一五ページ「楚・漢戦争関係略図」参照）

❖項羽の死にざま

ところが、項羽は烏江にたどりついたとき、渡し船をととのえて待っていた烏江亭長の申し出を拒《こば》み、ついに、かれは渡河を断念して江畔でみずから刎《くび》ねて果てたという。項羽のこの突然の心境の変化は、いったいなんであろうか。それは、つぎのような烏江亭長のことばではなかったか。

烏江の亭長は船を用意して待っており、項王にいうよう「江東は小さいとは申せ地方千里、人口は数十万人いまして、王として不足はありません。どうか大王よ、いそいでお渡り下さい。いま船をもっているのは臣《わたくし》だけです。漢軍が来ましても渡ることはできません。」

おもうに、烏江亭長のこのことばほど、誇り高き項羽の心を打ったものはなかったであろう。ここまで項羽を支えてきたのは、「垓下の詩」にもあるように、山をも抜く武力と一世をも蓋う気力への自負であった。というよりか、項羽はかれのこの自負心を、これまではじぶんを見すてようとする天の恣意に対置させることによって、孤独な自己をからくも支えてきたのであった。それは人間失意のとき、たれしもよくみる強がりであり虚勢である。それでも垓下までは、まだ愛する虞姫がかたわらにいたため、大きななぐさめとなったであろう。しかし虞姫を失った――かの女は前述したように、おそらく東城付近で落命したものと思われる――うえに、従う部下も戦死したり、あるいは脱落したりして、目にみえて減っていくのをみるにつけ、項羽はいよいよ内心の孤独感を深めたことであろう。

項羽が東城で従騎の二十八人を前にして「天がわれを亡ぼすのだ、それは天のせいなのだ、わが用兵のせいではない（天之亡レ我、非二戦之罪一）といっているのは、従騎に対するよりも、むしろかれ自身の孤独感へのいいきかせであり、自身に対する抗弁であるといえるであろう。いや『史記』の著者司馬遷は、このときの項羽に代わって、このように推測したのである。司馬遷は「項羽本紀」末尾の論賛に

項羽は自ら功伐に矜《ほこ》り、その私智を奮って古を師とせず、覇王の業は力をもって征しようと欲し、天下を経営すること五ヵ年、ついにその国を亡ぼし、その身は東城で死んだが、なお覚寤《さとら》ずして自ら過ちを責めようとしなかった。むしろ天が我を亡ぼすので、わが用兵の罪ではないといい張るが、なんと謬《あや》まったことであろうか。

といって、項羽はただおのれの力を過信するあまり、ついに国をほろぼし一命をも失ったが、かれは最後までこれを天のせいにして、わが謬《あやま》りに気づかなかったと難じている。

しかし、この司馬遷の非難は、四面楚歌の悲境に立って、たのむ部下を失い、愛人すらも失って、必死に孤独感との戦いをつづける人間項羽の心情に対する思いやりに欠けるうらみがある。

これまでの数年間、優勢をとりつづけて負けることを知らなかった身が、垓下の決戦に敗れてからは、急転直下敗残の淵に落ちこんで、たれ一人として頼るもののなくなったいま、項羽の誇り高い性情と強い自負心とが、天意に対する虚勢ともみえる強がりのことばや、姿勢となったのであろう。

こうして孤独にうちひしがれそうな自分を、からくも支えつつ烏江にたどりついた項羽ではあったが、ここで思いもかけず烏江亭長から、肉親にもまさる温かいはげましを聞いて、これまで張りつめてきたかれの誇りと自負心とは、音をたててくずれ去ってしまった。そしてかれをして

さきに籍〔項羽の名〕は、江東の子弟ら八千人と江を渡って〔秦をほろぼすため〕北上し、また西征したが、いまはそのうちの一人も還るものがない、縦《たと》い貴下のいうように、江東の父兄たちが憐《あわ》れんでわれを王としようとも、われなんの面目あってか、かれらに見《まみ》えられようか。縦《たと》いかれらが〔子弟たちを戦死させたことを〕言わずとも、籍独《ひと》り心に愧《は》じないでおられようか。

といわしめているが、この瞬間に項羽ははじめて天命を自得し、ついに一武将としての人間性にめざめたのではなかったろうか。

たとい江東の父兄、憐れんで我を王とするも、我何の面目あってか、これに見《まみ》えん。

とは、まさに古今の名将たちが、いくたびか口にしたことばであり心境である。

司馬遷は「項羽は敗北を最後まで天のせいにして、自己の謬《あやま》りに気づかなかった」と難じているが、項羽はその最期の瞬間において天命を自得し、人間性の真実に立ちかえったものだとわたくしは考える。でなければ、かれの口から決してこのような語《ことば》は吐けなかったであろう。

こうして項羽は、烏江亭長の真情あふれる申し出を拒みつつも、その厚い情義に深い感謝をこめて
わたしは、そなたがりっぱなお人だということがわかった。この馬はわしが五年間騎《の》ってきたが、向かうところ敵はなく、かつては一日に千里を駈《か》けた名馬です。これを殺すにはしのびないので、そなたにさし上げよう。

といって愛馬の騅《すい》を与え、従騎たちにも下馬を命じて歩行させ、鎗をすて短兵をもって接戦したのち、みずから刎《くび》ねて死んだのであった。

補説　漢文化圏と楚文化圏

これまで楚・漢の抗争を、もっぱら楚王項羽と漢王劉邦との武力抗争としてとらえてきたが、この抗争の文化史的意義ともいうべきものについても、考えてみる必要があろう。

というのは、この戦いは渭水・黄河文化圏、いわゆる漢王がわの中原（漢）文化圏と淮水《わいすい》（淮河）・揚子江文化圏ともいえる項羽がわの楚文化圏との対立抗争でもあると考えられるからである。

漢王の劉邦は沛の出身ではあるが、かれの集団は、渭水《いすい》・黄河文化圏（漢文化圏）をふまえた勢力であるのに対し、楚王項羽の集団は、淮河・揚子江文化圏、それは淮河中・下流域の西楚と、江東とよばれた揚子江下流域の東楚との文化圏を代表する勢力であった。東楚は春秋・戦国時代の呉《ご》および越《えつ》の地であり、西楚は旧楚国が前三世紀なかごろ以後移ってきた安徽省および江蘇省北部地区である。

戦国時代以来、いや、それよりもはるか以前から、淮河および揚子江流域の楚民族は、渭水・黄河流域の漢民族とは相互に交流はあっても、かなり異色の文化をもっていたことは知られるとおりである。

湖北省江陵《こうりょう》(荊州)は春秋・戦国期の楚国の都城郢《えい》の地——江陵県城の北五キロ——であり、その都城址は一九六〇年代なかば以後八〇年代にかけて発掘調査が行われ、『楚都紀南城』という報告書も出刊されている。

都城址の発掘とともに楚墓群についても発掘がつづけられているが、たとえば、一九六五年発掘の望山楚墓一号墳からの出土品をみても、漆器をはじめ竹簡《ちくかん》・銅器の類にいたるまで、その一つ一つに楚国文化の特異性がうかがわれる。この望山楚墓の時代は、戦国期の前五世紀中葉に比定される。

なお江陵の楚墓については、一九七八年にも十三座の木槨墳《もくかくふん》が発掘され、木俑《もくよう》・彩絵の木鹿をはじめ漆盒《しつごう》・銅兵器や、おびただしい陶祭器類(罍《らい》・盉《か》・鬲《れき》・鼎《てい》・奠《てん》・壷)が出土している(『文物』一九八九年3号)。

ちなみに、江陵都城址および付近の楚墓の発掘調査については、稲畑耕一郎「荊門包山二号墓の楚簡」(『文物』80、一九八七年十一月、所収)に詳しい。

このほか楚国の遺物については、一九五四年六月にも揚子江をこえた江陵の南方にあたる湖南省長沙市南郊の左家公山からも戦国時代の木廓墳が発見されて多数の楚国の漆器類が出土しているが、これらにみえる図紋は、いずれも中原のものとはいちじるしく異なっている（高承祥『長沙出土、楚漆器図録』一九五五年刊）。さらに時代はやや下って、武帝以前の漢代初期のものと推定される長州、馬王堆《まおうたい》一号墳からの出土品をみても、ただに文物や図紋ばかりでなく、思想・宗教・民俗・民話などあらゆる点で、『楚辞』にみるような楚国文化の異質性が漢初ごろも、なお根強く保たれていたことがわかる。

このことは江陵や長沙などの湖北・湖南の楚国本地ばかりではない。前三世紀に楚の第三次国都となった安徽省寿県から、一九三五、六年ごろ楚墓が発見されているが、その発掘調査報告である李景聃「寿県楚墓調査報告」（『田野考古報告』第一冊、一九三六年所収）をはじめ一九六七～七〇年にわたり寿県の西方阜南から多量に出土した特色ある楚の金貨郢爰《えいえん》（『人民中国』一九七一年一〇月号参照）、あるいは淮河上流の信陽県長台関の楚墓からの出土品などによれば、淮河流域の西楚地区にも江陵・長沙の楚国本地に匹敵する楚国伝統の豪華な文化が栄えていたことが知られる。

これらによると、揚子江の中・下流域から淮河流域にかけては、渭水・黄河文化圏とは明らかに異なる楚文化圏が形成されていたのである。項羽集団はこの楚文化圏を代表する勢力であって、これが渭水・黄河流域の漢文化圏（中原文化圏）を基盤とする劉邦集団と激しく抗争したのが楚・漢抗争である。

この戦いの結果、項羽が敗死し、やがて劉邦が天下を一統して漢帝国を創建し高祖を称すると、高祖は叔孫通《しょくそんつう》や婁敬《るけい》や陸賈《りくか》らの儒生《じゅせい》たちを登用して、しだいに武から文への転換を行いはじめ、やがて旧楚国領の各地には劉氏一族が封建《ほうけん》された。このことを『漢書』巻二十八、「地理志」巻第八下、には

（前略）漢が興ると、高祖は兄の子の濞《び》を呉王としたが、王は盛んに天下の游士を招いた。（中略）淮南王の安（景帝、武帝時代の人）もまた寿春（寿県）に都して賓客《ひんきゃく》を招き『淮南《えなん》子《じ》』などの書物を著した。こうして漢朝では文章辞賦《じふ》が盛んになったため『楚辞』も世に伝わることになった。云云（楚地の条）

といい、なかでも西楚の寿春に都した淮南王の劉安は、賓客・方術の士数千人を招致したといわれる。

こうして楚・漢抗争がおさまり、漢帝国が興ると、それまで職にあぶれていた儒生や方術の士は、争って封建諸王・侯のもとに仕官したり、あるいは食客となったことがわかる。とくに旧楚国領に封じられた諸王・侯のもとには、中原から多くの知識人がおしかけ、かれらは楚国文化と中原の漢文化との交流・融合に大きな役わりをはたしたことであろう。漢初の呉・楚七国の乱や淮南王安の謀反事件の背景にも、これらの人びとが関係していたといわれる。

ちなみに、淮南王安の謀反事件に、その食客たちが思想的に関係していたことについては、

金谷治『秦漢思想史研究』第五章、第一節を参照されたい。

このように、旧楚国領の封建諸侯と中央の漢室との間には、漢初以来文化闘争といってもよいような軋轢《あつれき》がくりかえされており、とくに武帝以後は、中央集権の強化と儒学が漢朝政治の指導原理になったことなどとあいまって、中原の礼教文化は、時の経過とともに、いよいよ旧楚国文化を包摂し吸収していった。こう考えるとき、そのきっかけをなした楚・漢抗争の文化史的意義の大きさは見逃せないであろう。

Ⅱ

漢の高祖をめぐる二人の女性

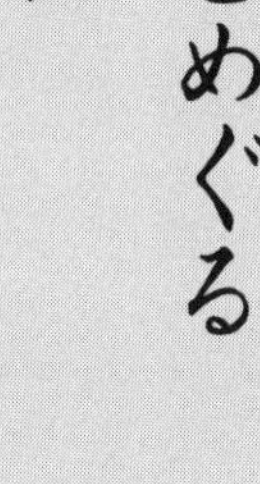

第一節　呂后と戚夫人との葛藤

❖大風の歌と鴻鵠の歌

高祖劉邦の自作の詩として伝えられるものに「大風の歌」と「鴻鵠《こうこく》の歌」とがある。前者は『史記』巻八、「高祖本紀」に、後者は同じく巻五、「留侯（張良）世家」に収められる。うち「大風の歌」は『文選《もんぜん》』巻二八（「漢高帝歌一首」）および『芸文類聚《げいぶんるいじゅう》』などにもみえるが、この歌は古来多くの人びとによって、項羽の「垓下の詩」と対比されている。

大風起兮雲飛揚
威加海内兮帰故郷
安得猛士兮守四方

大風吹き起り雲舞い揚がる。
武威を洛内に示して故郷に帰る。
いざ勇猛の士を得て四方の守りを固めよう。

この詩《うた》は、第一句は七言、第二、第三句は八言より成る楚辞体の詩であり、漢十二年（前一九五）十月に、高祖が淮南王黥布《げいふ》の乱を討平しての帰途、故郷の沛《はい》（山東省沛県）に立ち寄って、子弟たち百二十人を招いて酒宴を開いたときの自作の即興詩である。

それは、いまや国内の統一を成し遂げて得意の絶頂にあった高祖が、故郷の父老・子弟たちに囲まれて笑楽する雰囲気の中で、心ひそかに天のさらなる加護を念じつつも、現在の喜びの感慨をおおらかに歌いあげた詩である。そこで古くからこの「大風の歌」は、項羽の「垓下の詩」が四面に楚歌をきく失意のどん底で、天の恣意に抗しつつ歌われたのと対照的であるという点で、よく対比される。文学的立場からは、あるいは「大風の歌」と「垓下の詩」とは対照的であるかも知れないが、「垓下の詩」の歴史的背景（Ⅰ「項羽と虞美人」参照）を考えれば、これとほんとうに対比される高祖の歌としては、「鴻鵠の歌」がより適切であるように考える。

高祖劉邦には自作の歌として、さきの「大風の歌」のほかに、いまいった「鴻鵠の歌」がある。

「鴻鵠の歌」とは、

鴻鵠の高く飛ぶこと
一挙にして千里。
羽翮《うかく》すでに就《な》れば
横《ほし》いままに四海を絶《わた》る。
横しいままに四海を絶るを。

鴻鵠高飛
一挙千里
羽翮已就
横絶四海

当《ま》さに奈何《いかん》すべきぞ　当可奈何
矰繳《いぐるみ》ありとも　雖有矰繳
なお安《い》ずくにか施す所《べ》き。　尚安所施

この歌の鴻鵠（大白鳥）とは、皇太子の盈《えい》（のちの第二代孝恵帝）にたとえたもので、太子の勢威がいまや自分の手におえないほど強大になって、独り天下を支配することもできるようになり、もはや高祖自身の力でもいかんともなしえないことを歎息して歌った詩である。「当さに奈何すべきぞ」の句を、吉川幸次郎博士は、項羽の「垓下の詩」の一節「騅不レ逝兮、可ニ奈何一」の句にも対応さすべきものであろうという。（「漢の高祖の大風歌について」、『中国文学報』第二冊所収）

❖高祖と戚夫人

高祖劉邦がこの「鴻鵠の歌」を自作自吟した背景には、「皇太子」という権勢の座をめぐる、二人の女性のすさまじいばかりの葛藤《かっとう》が織りこまれている。

項羽に虞美人《ぐ》（虞姫）という寵姫《ちょうき》があったように、高祖劉邦にも戚夫人という若く美しい愛妾があった。かの女が劉邦にみそめられたのは、劉邦が漢王に封じられてからといえば、楚・漢抗争のはじまる直前のことであるから、若くて美貌のもち主であったろうことは充分に想像される。そのため高祖は項羽との戦いのさなかでも、いつもかの女をともなっていた。垓下の戦いで項羽を破ってこれを包囲したときも、かの女は劉邦にともなわれており、その陣中において項羽の楚歌するのに対して、劉邦も楚歌したといわれるが、劉邦の歌に和《あ》わせて、かの女も当然楚人《そびと》の舞を舞ったことであろう。

戚夫人は、やがて劉邦との間に如意という男児を出生したが、かの女は、わが児の如意を生むと、急に権勢に対する強い執着をおぼえはじめた。かの女は高祖の寵愛をたのんで、まだ幼い如意を皇太子にしようと、日ごと夜ごと泣いて高祖にせがんだ。『史記』巻九、「呂后本紀」には

戚姫は常に上《おかみ》にしたがって関東に之《ゆ》き、日夜啼泣《な》いてその子を立てて太子に代わらせようとした。

とか、同じく巻五五、「留侯世家」にも、

いま戚夫人は、日夜高祖に侍御し、趙王如意は常に抱かれてその前に居る。

というが、それは漢十一年ごろのようであるから、高祖の齢《よわい》はすでに六十二歳ごろであり、このとき如意はまだ母に抱かれた幼さであった。人間、とくに父親は、老年の子ほど無性《むしょう》に可愛いものらしい。それは皇帝も凡夫もかわらない。かの太閤秀吉の拾丸《ひろいまる》こと秀頼への溺愛《できあい》ぶりから、高祖の如意に対する偏愛ぶりも想像されよう。

これよりさき、皇太子には漢二年からすでに正夫人呂后《りょこう》の子である盈《えい》——のちの孝恵帝（恵帝）——が定まっていたが、高祖は、この盈が父の自分に似ずして、温順で繊細な神経のもち主であることにあきたらなかったようである。それにひきかえ、高祖のひが目か、如意は幼いながらも自分によく似ているのを、こよなく慈《いつく》しんでいたので、かれは太子の盈を廃して如意に代えようと、秘かに心を動かしつつあった。

孝恵は人と為《な》り仁弱、高祖はわれに類《に》ずとかんがえ、つねに太子を廃して戚姫の子の如意を立てようと欲した。〔その上に〕いつも侍御する戚姫は、日夜泣いてその子（如意）を太子とするよう訴えるのであった。〔そこで高祖は第一工作として〕如意を立てて趙王とし、のちいくたびか趙王の如意を太子に代えようとした。ところが大臣たちは、そのたびにこれに反対して諫《いさ》め争ったため、高祖もそれを決行することができなかった。

と『史記』巻九の「呂后本紀」および巻五五の「留侯世家」に司馬遷はいう。

❖呂后のまきかえし

このような高祖の心境の変化をみて、気が気でなかったのは正夫人の呂后であった。司馬遷は「留侯世家」で、かの女の心痛を「呂后、心おののいて為《な》す所を知らず」と簡潔に伝えるが、簡潔な表現だけに、女ながらも豪気の持主であったといわれる呂后の痛心のさまが深深《ふかぶか》と感じられる。

もともと呂后が高祖に嫁したのは、かの女の父呂氏が、かつて沛の県令の邸に食客となっていたとき、たまたま泗水亭長劉邦の貴相（人相）をみて惚れこみ、呂氏夫人の反対を押しきって、強引に息女《むすめ》を劉邦にめあわしたのであった。

その後かの女は、夫の劉邦を内助して二人の児――のちの孝恵帝と魯元公主――を育てつつ農耕にいそしんだ、文字どおり糟糠《そうこう》の妻であり、また楚・漢抗争中には、項羽の軍中に捕らわれて一命を失いかけたこともあった。『史記』や『漢書』に、

呂后は人となり剛毅にして、高祖を佐《たす》けて天下を定む。

とあるのは過褒《かほう》の言ではないようだ。しかし女性の身で剛毅といわれるからには、相当なしっかり者であったらしく、高祖もかの女には一目《もく》も二目《もく》もおいていた。つまりかの女の勝ち気が高祖にはけむたかったようである。とくに戚夫人をえてからは、高祖は呂后を敬して遠ざけていた。『史記』の「呂后本紀」にこのことを

呂后は、年長《お》いて常に家を留守する上《かみ》（高祖）に見《まみ》えることも希《ま》れで、ますます疏《うと》んじられた。


というが、これは呂后が年老いて容色がおとろえたというばかりではなかろう。

ところが、さすがの呂后も、わが子の浮沈にかかわる皇太子問題には、ほとほと窮したらし

く、大臣たちの諫言《かんげん》にも耳をかそうとしない高祖を、なんとか翻意《ほんい》させんものと百方心をくだいたすえ、ついに留侯の張良にすがることになった。

生来蒲柳《ほりゅう》で多病の張良は、この以前から一年あまり門をとざし穀食せずに、もっぱら道引軽身の術（道家的長生術）をほどこしていた。そこで呂后は、尋常一様の手段ではかれを動かすことはできないと考え、后の兄の呂沢をつかわして、その積極的な援助を強要した。そこで張良も太子のお守役《もりやく》（太子少傅《ふ》）でもあった役目がら、やむなくつぎのようにアドヴァイスしたのであった。

このことばかりは、ただ口さきでお諫めしただけでは、陛下を翻意《ほんい》さすのは難《むずか》しいことです。考えますのに、陛下が思いのままにできない人物がこの世に四人おります。その四人ともみな年老いています。かれらは陛下がよく人を軽侮されますのを嫌《きら》って高山にのがれかくれ、おもてむきには漢朝の臣ではありませんが、しかも陛下はこの四人を尊敬されています。そこで四人のもとに太子の書をたずさえて弁士をやり、辞を卑《ひく》うし礼を厚うして迎え、かれらが来たならば、太子はときどき四人を従えて入朝されると、必ず陛下の目にとまりましょう。そして陛下がこの四人の賢人に気づかれると、それが陛下を翻意さす手だてになるでしょう。（『史記』巻五五、「留侯世家」）

と。呂后と呂沢とは、いわれた通りの手段で四人の賢人を迎えることができた。やがて漢十二

（前一九五）年、高祖は黥布《げいふ》の乱を平定して凱旋《がいせん》すると、病気がひどくなり――ときに高祖六十三歳――〔行く末を案じて〕どうしても太子を趙王如意に易《か》えようとした。太子のお守役（太子太傅）の叔孫通は、春秋時代の晋の献公の例を引くなど面《おもて》をおかして諫めたので、さすがの高祖も、うわべでは翻意したように見せかけて酒宴にうつり、太子もそこに同席させたところ、かの四人が太子に侍従してきた。いずれも年は八十歳をこえ、鬚《ひげ》も眉《まゆ》もあくまで白く――そのため高山の四皓《しこう》と称せられていた――衣冠をつけた相《すがた》は威厳にみちみちていた。高祖はいぶかって尋ねたところ、かれらはそれぞれ姓名を名のったので、聞いた高祖は大いにおどろき、

朕は数年間公《きみ》たちを求めたのに、公たちはみな逃げかくれてしまった。だのに今どうしてわが子に侍従しているのか。

と。そこで四皓は口をそろえて

陛下はよく士を軽蔑されますが、臣らは主義として、そのような辱しめを受けたくありませんので亡《に》げ匿《かく》れていました。ところが太子は仁孝なお人柄で、恭敬で士を愛されます。天下の士人はみな太子のためなら喜んで死のうと欲しております。それゆえ臣等もやってきたのです。

と。やがて太子と四皓が立ち去るのをみて、高祖は戚夫人を召し、朕は太子を如意に易《か》えようとしたが、かの四皓が輔佐しているところからすると、太子は

すでに一人前に成人して、とても動かすことは難しくなった。呂后はいよいよお前の主人であるよ。

と。戚夫人はそれを聞いて、くやし泣きに泣いた。そこで高祖は

どうか一つ楚舞を舞ってくれ、自分も楚歌をうたうから。

といって歌ったのが「鴻鵠の歌」であったといわれる。

❖「鴻鵠の歌」―趙王への愛着

このように「鴻鵠の歌」の背景をみてくると、その後半の四句「横絶㆓四海㆒ 当可㆓奈何㆒ 雖㆑有㆓矰繳㆒ 尚安所㆑施」には、死を目前にして、天の意志のまえには、どうにもならないわが力を思い知らされた恨みと悔いと諦《あきら》めにも似た高祖の懐《おも》いが、よく唱いあらわされているようである。『史記』の「留侯世家」は、これまでで筆を止めているが、同じ『史記』の巻九六、「周昌伝」や「呂后本紀」などによって、この後の高祖の所行《しょぎょう》をみると、つぎのようである。

盈《えい》の皇太子位が確立すると、いよいよ死期のせまったことを自覚した高祖は、その死後まだ十歳の愛児の趙王如意と愛妾の戚夫人とのゆくすえを案じて心楽しまず、さすがの高祖も、どうしてよいかさえ、わからなかった。この様子をみて、符璽御史《ふじぎょし》（国璽尚書《こくじしょうしょ》）の趙堯《ちょうぎょう》という年若くて目先のきく男が、高祖に入れぢえして、当時呂后や群臣たちが敬憚（はばかる）してい

た御史大夫周昌《しゅうしょう》を、趙相（趙王家の家老）として趙王に侍従させることによって、呂后の復讐《ふくしゅう》の手から幼い趙王の一命を、なんとか守らせようとしたのであった。

周昌については、かれは高祖と同郷の沛の出身であり、かつて泗水《しすい》駅の卒吏《そつり》として、亭長劉邦の部下であったが、その人となりは直言・硬骨をもって知られていた。ともに兵を挙げて以来、つねに劉邦に従征して漢朝の建国に大功があったので、高祖の信任が厚く、このとき御史大夫の要職にあった。御史大夫といえば、秦・漢時代には丞相《じょうそう》・太尉《たいい》とならんで、三公の一人にかぞえられる最高の官職であった。

周昌については、その剛直・律義さのゆえに、多くの逸話が伝えられる。かれは、かつては高祖の皇太子廃位に対し、反対の急先鋒として呂后から泣いて感謝されたこともあったが、そのかれに、趙相として趙王如意のお守り役の白羽の矢が立てられたので、一たびは泣いて拒んだにもかかわらず、高祖の懇請はもだし難く、ついに口説《くど》きおとされたのであった。運命の皮肉さといえよう。

かほどまでに、趙王への愛情におぼれた高祖をみると、まったく一個の凡夫そのままをむき出した相《すがた》である。かれは断ちがたい愛着をのこし、後髪《うしろがみ》ひかれる思いで命終《みょうじゅう》したことであろう。ここでも、かつては天下人《てんかびと》として、思いのままにふるまった太閤《たいこう》秀吉が、その晩年には幼児秀頼に執着するあまり、前田利家《としいえ》・徳川家康らの五大老に、たのみがたいわが児のゆくすえを、せめてもの思いを托しつつ逝った、その哀れな心情と、同じような両雄の業《ごう》の深さを感じずにはおられない。

❖戚夫人の末路

漢十二（前一九五）年四月に、高祖が六十三歳で死んで、皇太子盈が帝位（孝恵帝）につくと、呂后は皇太后として、誰はばかるところもなく権勢をふるいはじめた。こうなると、かの女がもっとも怨んだ戚夫人と趙王如意との命運は、風前の灯火《ともしび》にもひとしかった。呂太后はまず戚夫人を永巷宮に幽囚し、ついで趙王を長安に召して殺さんとしたが、趙相の周昌は、趙王の病気を理由に、三たびまで拒否して力いっぱいの抵抗を示した。しかし、それも太后の怨念の前には無力であった。

周昌は勅命によって召喚されたため、残された趙王も、ついに長安に出向することになった。せっかく高祖が仕組んだ最後の手段も、なんらの役にも立たなかったわけである。ところが、救いの手は意外のところから差し出された。

呂太后の意図を知った孝恵帝は、趙王を覇上《はじょう》に出迎えて宮中に請じ入れ、起居・飲食をともにするという用心深さであったので、さすがの太后も容易に趙王の暗殺を実行することができず、空しく年余を経過した。そのうちに孝恵元（前一九四）年十二月、帝は未明に射猟に出かけることになり、年少の趙王を伴うことができなかった留守の間に、太后は人をやって趙王を毒殺してしまった。

一方、はじめ永巷宮《えいこうきゅう》に囚われた戚夫人は、やがてその手足を断たれ、眼煇《めだま》をくりぬかれ、瘖《おし》薬《ぐすり》を飲まされ、人彘《ひとぶた》とよばれて厠中《かわや》におかれて嬲《なぶり》ものにされたが、太后はわざわざ孝恵帝にこのさまを観《み》させたのであった。ところが情にあつく気弱な帝は、この人彘が戚夫人であることを知ると、ついに病床に臥して起《た》つことができず、母を譲《せ》めて
このような仕打ちは、人として為すべきことではありません。自分は太后の子として、このままでは、とても天下を治めることはできません。

といって、以来飲酒・淫楽にふけり、政務を聴《き》かなかったという。

こうして孝恵帝のデリケートな心情は、折りにふれては、戚夫人に対する太后の残忍《ざんにん》きわまる所行に苦悩《なやま》されつづけたのち、七年間のみじかい在位を終わった。戚夫人のみにくい相《すがた》をみせて、わが子に毅《つよ》さを求めようとして仕組んだ太后のおもわくは見事にはずれて、逆の結果を招来することになったのである。

班固は『漢書』巻二、「恵帝紀」の賛に、
孝恵帝は寛仁の主であるが、母后の呂太后が、その徳を虧損《きそん》したのは悲しむべきである。

とて、暗に太后が孝恵帝の寛仁な徳を帳消しにしたことを難じているが、それにつけても読者

は、司馬遷の筆を通じて、かの女の妬心《ねたみごころ》、わけても権勢をめぐる女性の執念のすさまじさを、しみじみと知らされることであろう。

第二節　政権を手中にした呂太后

❖呂太后の専権

高祖の死後、前節でもふれたように、呂太后はライバルの戚夫人を惨殺し、趙王の如意を毒殺して、わが子の皇太子盈を帝位に即け、みずからは、その背後で皇太后として権勢をほしいままにした。いや、もともと呂后の専権は、すでに高祖の最晩年のころから馴致されていたようで、『史記』の「盧綰《ろわん》伝」には

さきの年〔漢十一年〕春には、漢室は淮陰侯韓信《かんしん》を誅し、夏には彭越《ほうえつ》を誅したが、それはみな呂后の計《はかりごと》であった。いま上《かみ》〔高祖〕が病んで呂后に政事を任せている。呂后は婦人の身ながら、専ら事によって劉氏以外の異姓の王および大功ある臣下を誅殺しようとしている。云云

という。盧綰の多少のひがみはあろうが、呂后が高祖の死後、わが子孝恵帝の地位をすこしで

も安泰にとの軽慮から、高祖の死を発表せず、諸将をことごとく族滅しようとさえしたことなどからみて、虚弱で内気な孝恵帝の行末をおもえば、劉氏以外の異姓の諸王や反骨的な功臣たちを除きたくなる心情はわからなくはない。

呂后のこのような傾向は、孝恵帝が即位し、太后としてかの女が政権をにぎると、いよいよ薨《こう》じて、ついには手がつけられなくなった。

『史記』はそのためか、「高祖本紀」についで「呂后本紀」を立て、そのなかに孝恵帝の治世七年と、さらに少帝の恭および弘の八年をも一括して、都合十五年間を組み入れている。それは、司馬遷が政権の実際の掌握者を呂太后と考えたからであろう。ところが班固は『漢書』において、大義名分を正す上から「恵帝紀」を立てている（八八ページ）。

孝恵帝の母后として実権をにぎった呂太后が、第一に企てたのは、孝恵帝の庶兄にあたる斉王肥に対して、孝恵帝が「家人の礼」にしたがって下座したのをみて、同席していた呂太后は、孝恵帝の君主としての地位を案じるあまり、斉王肥を毒殺しようとしたことである。これに気づいた斉王が、所領の城陽一郡を、呂太后の女の魯元《ろげん》公主に献じると、たちまち喜んで斉王の邸に酒宴を開くなど、被害妄想による、呂太后のヒステリックな心境がよくわかるであろう。

❖劉氏への迫害と呂氏の専横

そのころ劉氏一族としては、斉王肥をはじめ六人の封建諸王のほか、高祖の兄・弟の子たちも、それぞれ王に封建されて強大な勢力を有していたが、かれらは劉氏一族であっても、呂太后にとってはみな血の通わない他人である。それゆえ孝恵帝が在位七年ののち病死すると、孝恵帝の太子は幼児であるうえに、血統上からも疑いが持たれていたものだから、呂太后としては頼りになるのは、血のつながる呂氏一族だけである。

このときの呂太后の孤独な胸中をよみとったのは、留侯張良の子の侍中張辟彊《へきょう》であった。それについて『史記』、「呂后本紀」には、つぎのようにいう。

〔張辟彊〕は丞相（曹参）にいうよう、「太后〔の男子〕はただ孝恵帝ひとりきりであった。いま帝が崩じたが、〔太后〕は心から悲しまれない。君《あなた》はその解《わけ》がわかりますか」と。

丞相曰わく、「どんな解なのか。」

辟彊曰わく「帝には壮《おとな》の子がないため、太后は君がたを畏《おそ》れられるのです。いま君が〔太后ゆかり〕の呂台・呂産・呂禄を拝して将軍とし、南・北軍の兵をひきいさせ、また諸呂（呂氏一族）をみな宮中に入れて事を用いさせるよう〔太后に〕請いなさい。さすれば太后の心も安んじ、君がたも禍を脱れることができましょう。

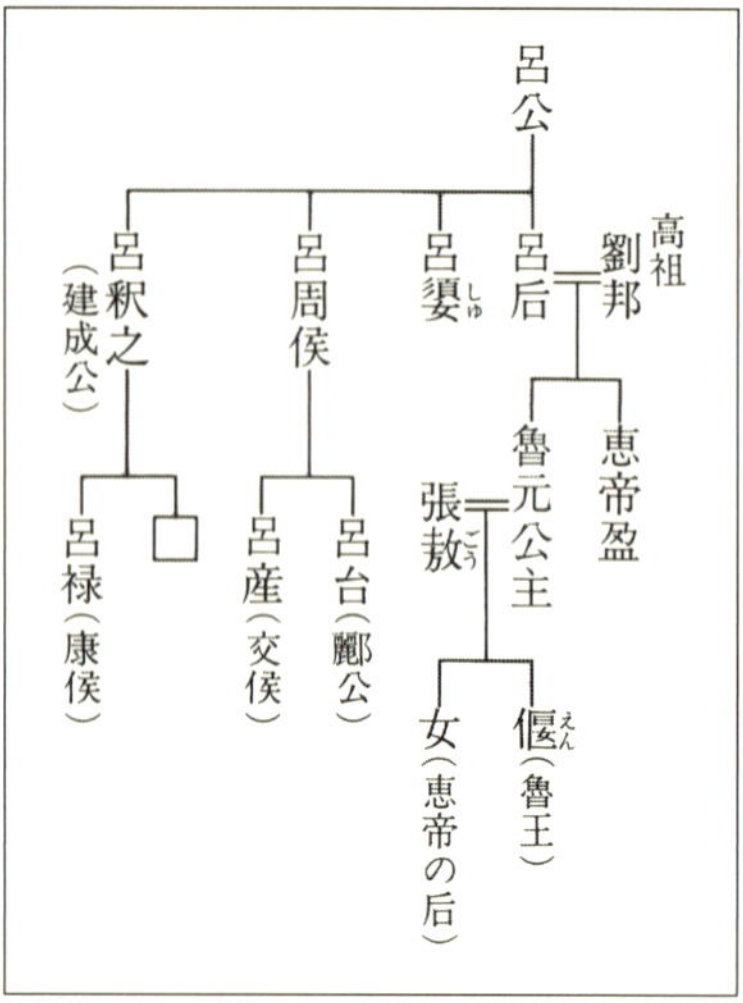

呂氏の一族（略図）

そこで丞相は辟彊の計のとおりにした。太后は喜び、またはじめて哭《な》き哀しんだ。これから呂氏一族が権勢をほしいままにすることになった。

この『史記』の一文を通じても、孝恵帝の死によって、呂太后がいよいよ孤独感を深め、それに反比例して政権への執着心を強めたことがわかる。

かの女は、名分上では少帝（孝恵帝の太子）を即位させたものの、万機はことごとくその手中におさめ、あからさまに劉氏一統のうちで、めぼしい諸王に対しては、あらゆる迫害を加えはじめた。三趙王（如意・友・恢）はつぎつぎに殺され、また梁・趙・燕はほろぼされて、呂氏一族が代わって王や侯に封建されたので、勢いのおもむくところ、しだいに呂氏一族によって政権が壟断《ろうだん》されることになった。

❖無為の政治

劉氏一族に対する迫害ばかりではない。高祖以来の諸功臣・大臣らに対しても、呂太后の強圧はいよいよ烈しく、このような陰湿な呂太后の専制下で、かれらが保身するためには、張良か陸賈のように隠遁《いんとん》するか、病にかこつけて職を退くか、あるいは丞相の曹参《そうしん》のように、道家的無為の政術に身をゆだねるか、あるいはまた陳平のように放蕩《ほうとう》にみせかけて卑屈な保身をはかるか、のいずれかしか方法がなかった。

陳平については『史記』の「陳丞相世家」をみれば、かれが高祖の死後、呂太后の専制下で、保身のために、いかに卑屈にふるまったかが知られる。そのようなかれの行動を『史記』の「陸賈伝」には

右丞相の陳平は、これを（呂氏の勢力増大を）憂うるも、争う力もなく、禍がおのれに及ぶことをおそれて、つねに家にじっとして深く考えこんで（燕居深念）いた。

といい、また、かつて呂太后が呂氏一族を王として封建することに反対した右丞相王陵《おうりょう》が、太后に賛成した陳平らを難じたとき、かれは

朝廷で面とむかって論争することは君にはかなわないが、国家の命運を全うして高祖の後を安泰にすることでは、君は私にはかなうまい。

と答えている。はたして呂太后の死後、呂氏の勢力を打倒して政権を劉氏の手にとりかえしたのは、陳平や周勃らの力であった。

このように呂太后の専権下では、大臣・功臣たちといえども、それぞれに精一杯の保身を考えねばならないというのは、陰湿で重苦しい政情であり、暗黒政治の時代であったことがわか

る。

建国後、まだ十数年しかへてない漢朝にとっては、まことに困難な情況であったといわざるをえない。ただ一つの救いは「呂后本紀」の賛で司馬遷が、

孝恵皇帝・高后（呂后）時代は、庶民は戦国および秦末の苦しみから解放され、君臣ともに無為の政治の下で休息したいと欲していた。それゆえ恵帝は、あたらしく事をおこさず、高后は女君として権勢をとったが、後宮を出ないままで政治をとったので、天下は安泰であった。刑罰は用いること罕《まれ》に、罪人も稀少で、民は農務にはげみ、生活はようやく豊かになった。

というように、民の休息を求める強い願望によって、呂太后および呂氏の専権も、漢室内だけのことにかぎられたので、大した反乱もおこらず、その害が民生にあまり波及せず、国内は平和に、庶民は安らかに生活を楽しんだといわれる。

第三節　項羽と劉邦の人物評価

最後に、項羽と劉邦の人物評価を行って、このⅡ編をむすぶことにしたい。司馬遷は『史記』の巻七「項羽本紀」と巻八「高祖本紀」とでは、意識して両者を対照的に描いているように思われる。

しかし司馬遷は、漢帝国第七代の孝武帝（武帝）に仕えた人なので、高祖劉邦に対しては、どうしても遠慮がちなところがみられ、劉邦に都合のわるいことは、「高祖本紀」ではなるべく省略しているようにみえる。これは、誰しも成功者、建国者に対しては、筆が甘くなるのは免《まぬが》れがたいことかもしれない。そのうえに、司馬遷が『史記』、とくに楚漢時代の歴史を描くのに参考にした資料の多くは、漢代に成ったもので、たとえば『漢書』の「司馬遷伝」には遷が『史記』に参考にした主要な資料として、秦以前は『左氏伝』、『国語』、『世本』、『戦国策』などを、また楚漢篇では陸賈――楚国の儒生ではあるが、漢の高祖に仕えて重用された人である――の『楚漢春秋』などをあげ、劉知幾も「子長（司馬遷）は、楚漢期の事件を述べるにあたっては、もっぱら『楚漢春秋』によった」という。このほか司馬遷は、かれが二十歳代の青年期に、項羽や劉邦の古戦場を旅行して探訪した口碑・伝承などの資料をも活用したと思われるので、これらにも漢がわのものが多かったであろう。このような事情は充分考慮にいれて、項羽・劉邦の両雄を評価しなければなるまい。なお項羽と劉邦の比較については、田中謙二「項羽と劉邦」（中国古典全集11『史記』楚漢篇所収）がよくまとまっている。

❖家柄・性格の相違

さて、項羽についてみると、かれは楚国の項（河南省項城県）の城主で将軍の家柄の出身であったといえば、根からの軍人であり、劉邦にくらべて武人としての毛なみは、ずっとよかった。その人となりは、さきにもいったように（一五ページ）、『史記』にみえるところからすれば、偉丈夫で力は強く、かつ才気もすぐれていたので、呉中（蘇州）の青年たちから畏敬されていたというが、そのすぐれた才気がかえって邪魔したらしく

書を学んで成らず、剣を修業しても成らず、それをとがめた叔父の項梁に「書はただ姓名を記《しる》すことができればよく、剣は一人の敵を相手にするにすぎない。じぶんとしては万人の敵を相手にできるようなものを学びたい」といったので、項梁は兵法を教えたところ、かれはおおいに喜んだものの、そのだいたいを学ぶと、もはやそれ以上には努力しようと

しなかった。

　このように項羽は、家柄のよさと、人なみすぐれた体力と才気とによって、世をも人をもおそれない、奔放不羈《ふき》な豪傑肌の性格をもっていたようである。それについてはよい例がある。

　かつて項羽は、叔父項梁とともに、江東の会稽《かいけい》郡を巡遊して銭塘江《せんとうこう》を渡る始皇帝をみて、「自分は彼にとって代わってやろう」（彼可㆓取而代㆒也）と叫んだというが、このことばからも、かれの胸中にひめた大きな野望と大胆・率直さとがうかがわれるであろう。項羽のこのあけすけな放胆さは人間的魅力であったろうが、半面思慮の浅さでもあった。

　それに対して劉邦は、かれがかつて夫役のため咸陽の土木工事にかり出されたとき、始皇帝をかいまみて発したことばは「ああ男子たるもの、かくありたいものよ」（嗟乎《ああ》、大丈夫当《マサニ》如㆑此也）であったという。これらのことばをくらべても、両人の性格の一端がわかるであろう。前者は率直・放胆だが思慮が浅く、のちにみるように、喜怒愛憎の感情の変化がはげしい。後者は慎重で用心深く、たやすくは心の中を人にみせない。

　なお劉邦の性格については、さきにもいったように、司馬遷は少々ほめすぎて、「情深くて愛情があり、人に対しよく恵み、その心は寛容で太っ腹なところがあったが、家人の農作業など一向に手伝おうとしなかった」（伝而愛㆑人　喜㆑施意豁如也、常有㆓大度㆒、不㆑事㆓家人生壹作業㆒）といえば、いわゆる游侠的性格で侠客肌であったようである。かれはまた多少の読み書きもできたので、亭長という下級官吏となったが、亭長になると、その持ちまえの性格は、多くの人びとをひきつけた。

つぎの逸話は、亭長としてのかれの游俠的性格（俠気）をよく語っている。あるとき亭長の役がらとして、沛県のために労務者（囚人）を監督して酈山《ふざん》（咸陽付近）まで送ってゆく途中、かれらの多くは、労役をきらって逃亡したので、かれは処罰を覚悟して残りのものたちをみな放免してやったところ、かれの俠気に感じた十数人のものは、ついにかれの子分となった。

このように身の危難もかえりみず、法網をおかしても人びとの窮状を救うという俠気に、部下たちはひかれたのであり、建国の功臣として知られる蕭何《しょうか》や曹参・張良・周昌らも、かれの魅力にひかれた人びとである。

❖阬殺と「法三章」

秦都の咸陽に入場したときの両雄の態度や処置にも、はっきりと両者の性格上の相違があらわれている。項羽は攻城でも野戦でも勝利をうると、しばしば数千の敵兵を阬殺《あなうめ》しているが、これについて懐王の諸将たちも項羽を剽悍《ひょうかん》な猾賊《かつぞく》とおそれ、反対に劉邦を寛仁大度な長者と称している。とくに項羽が後世からも非難されるのは、かれは函谷関に入る直前、二十余万人をことごとく阬殺したが、この残忍な行為は、関中の人心をすっかり離反さすことになった。

　項羽はさらに咸陽に入城すると、すでに劉邦軍に投降していた秦の三世皇帝の子嬰《しえい》を殺害したうえに、秦室の宝貨や婦女子を収め、庁舎に火を放ち、その劫火は三ヵ月ものあいだ消えなかったという。その上に、かれは義帝（懐王）を追放し、西楚の覇王として天下に号令したものの、残破《ざんぱ》した首都咸陽の焼跡をみて急に望郷の念にかられ、

　富貴になって故郷に帰らないのは、繡《にしき》を衣《き》て夜行くようなもので、誰が知ってくれようか。


などといって、東方の彭城への遷都を決意したという。

　このような素朴なまでに感情をむき出しにした項羽の所業に対し、司馬遷は「高祖本紀」に、これと対比さすかのように、咸陽城への一番乗りをはたした劉邦について、つぎのように描く。

　咸陽のてまえの覇上《はじょう》で、秦帝の子嬰（三世）の投降をうけた劉邦は、これを誅殺すべしとする諸将たちの進言をしりぞけて、ひとたびは入城して、秦室の重宝・財物のある府庫を厳封したうえ、軍をかえして覇上に駐《とど》め、ただちに近郊の父老たちを召集して秦の苛法《かほう》を廃し、「殺レ人者死」、「傷レ人及盗抵《あてる》レ罪」という、いわゆる「法三章」を約したのち

　そもそも自分がやってきたのは、父老《おまえ》たちの害《くるしみ》を除くためで、決して侵暴するためにではないから安心せよ。

と宣言して、不安におののく父老たちを安堵《ど》させている。また亡秦の官吏たちに対しても、処

罰を加えないことなどを告諭した。これらの措置は、おそらく蕭何や陳平ら謀臣の意見を納れたものであろうが、まことに民の信望をうるための適切有効の処置であって、劉邦が天下にいだく大望のあらわれにほかならない。このような処置に感激した咸陽都民や近郊の父老たちは、争って牛・羊・酒・食を持参して軍士をねぎらおうとしたが、劉邦はそれをも受けなかったという。

このときの劉邦に対する世論の支持を『史記』は「唯恐沛公不為秦王」との逆説的表現をかりていいあらわしているが、まことと父老の心《しん》を得ることこそ、帝王たるべき第一の条件であるといえるであろう。

劉邦のこのような人心収攬《しゅうらん》工作を、はやくも見破ったのは、項羽の謀臣范増であった。そこで范増は項羽を説いていうには

沛公劉邦は、むかし故郷の沛にいたころは、財貨をむさぼり美女を好んだのに、いま関内に入ってからは、財物は取らず、婦女も近づけない。これはかれの望みが大きい――天下をねらうような――ことを示すものであるから、いまのうちに、劉邦を急襲して殺してしまいなさい。

と。劉邦に咸陽入城の先陣の功をうばわれて憤懣やるかたない項羽は、范増のことばにしたがって、劉邦を暗殺しようと企てたのが「鴻門の会」（一九ページ）であったが、この計画は張

良の機智と樊噲《はんかい》の勇気ある行動によって見事失敗に帰した。この失敗は張良の機智、樊噲の勇気もさることながら、項羽の単純さ人のよさに、より大きい因があったように思う。「鴻門の会」でも、范増は項羽について「君王《あなた》は人となり不忍（気が弱い）」と評している。要するに、項羽はこの鴻門の会から、いわゆるツキに見はなされるようになったといえる。

❖漢中放棄と懐王の弑殺

項羽の第二の不明は、劉邦を漢王として四川省の巴・蜀と陝西省南部の漢中に封じこめ、みずからは関内を去って彭城に遷都したことである。項羽が彭城にひきあげると、劉邦はたちまち漢中から櫟陽に出て関内一円をその手中におさめ、やがてここを戦力の基盤としたのであった。関中が当時天下に覇をとなえようとする者にとって、いかにふさわしいものであったかは、このとき劉邦に進言した斉《せい》の儒生の婁敬《るけい》（劉敬）の、つぎのようなことばが、よく語っている。

関中は四方山河にかこまれた天然の要衝であって、また人的資源や食糧物資にもめぐまれているから、ここに都すれば、山東の地区が乱れることがあっても秦の故地は確保しうる。そして関中に入って秦の旧領をおさえれば、天下を完全に手中にすることができましょう。

（『史記』巻九九、「劉敬伝」）

と。こうして劉邦は、婁敬の進言と、張良もまた関中に都せんことを勧めたので、両者の言にしたがって、秦の咸陽に近い長安に国都を奠《さだ》めたが、ここにも故郷に錦を飾ろうとする素朴な感傷から、みずからの手で焼毀《しょうき》した咸陽の荒廃さを見かぎって、彭城に本拠を移した項羽との好対照がみられるように思う。

項羽の第三の不明は、義帝懐王を彭城から長沙に追放したのち、途上これを江南で弑殺したことであるが、これはもっとも大きい誤りであった。というのは、漢王劉邦が項羽に対して挙兵するのに、願ってもない大義名分を与えたからである。この辺にも感情におぼれて、あさはかに行動する項羽の思慮の浅さと、年の若さとが、うかがわれる。

漢王劉邦は項羽を討伐するにあたって、項羽の十大罪悪をかぞえるが、その一に、かつて懐王（義帝）が諸将に約した「先に入って関中を平定する者がこれに王たるべし」との誓約にそむいて、自分を蜀漢に移封した不信・違約をあげ、その九および十に義帝を追放し弑虐した大逆無道を非難している。

❖将に将たるの器

両雄の対比の第四は両者の気量の大小であろう。劉邦には、ブレーンとして蕭何・張良・陳平・韓信・樊噲らがおり、かれはこれらの逸材を適材適所に用いて、蕭何は政略および食糧の運輸調達に、張良・陳平は智略・軍略に、韓信は将軍として戦略・用兵に、それぞれ持ちまえの能力を存分に発揚させている。それゆえ韓信は劉邦を称して「将に将たる器《うつわ》」とたたえているが、まさに至言というべきである。

劉邦のすぐれた人材登用に対して、項羽はただ一人の謀臣范増さえも使いきれないで、ついに范増は愛想をつかし、憤懣やるかたない思いで項羽の許《もと》を去った。高祖の謀臣陳平も、はじめ項羽の都尉（警察長官）であったが、「鴻門の会」後は高祖に従っている。このことについて、高祖は垓下から凱旋して雒陽《らくよう》（洛陽）の南宮に祝勝の酒宴を開いたとき、列侯・諸将を前にして、項羽が天下を失った所以につき、かれ自身がいみじくもつぎのように喝破《かっぱ》している。

そもそも籌策《はかりごと》を陣中にめぐらし、勝利を千里の外に決する点では、朕は子房（張良）におよばない。国家を鎮め、人民をなづけ、食糧を供給して糧道を絶《た》やさない点では、朕は蕭何におよばない。百万の大軍をつらねて戦えば、かならず勝ち、攻めれば、かならず取る点では、朕は韓信におよばない。この三人はみな人傑である。朕はこの三人をよく用いることができた。これ朕が天下を取った所以《ゆえん》である。しかるに項羽はただ一人の范増をすら充分に用いることができなかった。これ項羽が、わがとりこになった所以である。（『史記』巻八、「高祖本紀」）

と。わが徳川家康にも比べられる高祖の老獪さがうかがわれるではないか。前漢末の文学者であり思想家でもある揚雄《ようゆう》（前五三〜後一八）は、その著『法言』の第十「盃黎篇《かれいへん》」のなかで、この劉邦・項羽両者を比較して、つぎのように評価している。

ある人、楚（項羽）が垓下に敗れてまさに死なんとするときに、天なりと曰いしことを問う。

〔揚雄〕曰く、漢（劉邦）は、もろもろの策《はかりごと》を尽くしたり。しかるに、楚はもろもろの策を悪《に》くんで、自《みずか》らその力を尽くす。人を尽くす者は克《か》ち、自らを尽くす者は負く。云云

❖劉氏政権の強化と保持

さて、ここまでは第Ⅰ編の楚・漢の抗争の経緯をふまえて、項羽・劉邦両雄の人物評価を論じたが、最後に第Ⅱ編をふまえて高祖劉邦の後半生についてみると、高祖は楚・漢抗争に勝って天下を一統すると、かれはこれまでの寛仁大度の長者ぶりを一擲《てき》したかのように猜疑心《さいぎしん》を強め、およそ劉氏政権をおびやかすと疑われるものがあれば、たとい建国の功臣、たとえば韓信・彭越・黥布《げいふ》らのごとき人でも容赦せず、いささかの落度《おちど》を理由に、ただちに処分するか、みずから軍をひきいて討伐した。

こうしてその治世八年間に、異姓の王八人のうち七人まで亡ぼされ、劉氏一族をこれに代えているのは、劉氏による権力の強化をめざしたものにほかならない。

もし劉氏以外のものが王となったら、天下は相協力してこれを撃て。

とは、高祖がつねづね群臣たちにむかって口にし、誓約させたことばであったという。どうやら天下統一後の徳川家康によく似ている。ここにおいて、高祖を頂点とする劉氏一族と異姓の諸侯・群臣との、これまでのようなルーズな関係は、はっきりと君臣上下の関係に変わっていった。高祖が死に臨んで、劉氏政権を委ねるに足る人として、曹参・王陵・陳平・周勃《しゅうぼつ》らを名ざしで呂后に遺言しているのも、かれが最後まで、いかに劉氏政権の強化とその保持とに汲汲としていたかが、うかがわれよう。

さらに高祖は

馬上に居りて天下を得るとも、なんぞ馬上をもって、これを治むべけんや。

という陸賈の言をきいて、武から文へと心をうごかすようになったこと。また漢七年には、叔孫通をして朝儀を定めさせ、はじめて皇帝たることの尊貴を知ったと伝えられること。そして叔孫通のすすめで、かれの門弟の儒生多数を召しかかえて、国家の儀法・秩序を立て、国の体制を整えさせたこと（『史記』巻九九、「叔孫通伝」）などは、高祖が君主権の強化をめざして傾心したことを示すものであり、すぐれた統一者としての、かれの素質を評価できるであろう。

❖死に臨んで

ところが視点をかえて、死に臨んでのかれの態度をみると、たとえば、高祖が病篤《あつ》うして、伺候した医師に「命乃在レ天、雖二扁鵲《へんじゃく》一（戦国の名医の名）何益」といって、その治療を拒んだごときは、一見天命に安んじているかのようにみえるが、それは死を前にした強がりにすぎない。かれはこのような虚勢のうらでは、劉氏政権の保持になお汲汲とし、あるいは愛児の趙王如意への愛着をすてきれないで、後顧の妄執《もうしゅう》をのこしているが（五二ページ）、ここにもかれの死に臨んでの、強い執着心がうかがわれる。

おもうに、高祖は、劉氏一統の政権保持については、太子盈（恵帝）の仁弱と、それに乗じる呂后の専権に対する不安を拭《ぬぐ》いえず、また愛する趙王と戚夫人とに対しては、呂后のはげしい復讐を憂えて心安んじなかったのであろう。

はたせるかな趙王と戚夫人とは、さきにみたような悲惨きわまる最後をとげ（五四ページ）、呂后については、その後十四、五年間にわたり、かの女の専制がつづき、呂氏一族によって政権が壟断《ろうだん》されて、高祖の庶子のうち、めぼしい諸王に対する呂太后の迫害は熾烈を極め、一時は劉氏政権が危機におちいった。

なかでも趙王友のごときは、もっとも悲惨な運命をたどった一人である。かれは呂氏一族の女を妃としていたが、他の女性を愛したため、王妃は嫉妬して趙王友の許《もと》を去り、そのことを太后に訴えたので、友は太后に幽閉されて給食を絶たれ、まさに餓死せんとして、万斛《ばんこく》の恨みをこめた、つぎのような詩をのこしている。

呂氏一族がもっぱら政事を行って、劉氏は危い。王侯を脅迫し、彊《し》いて我に妃を授けた。わが妃はすでに妬心が深く、われを〔太后に〕悪《あ》しざまに誣《し》いた。讒女《ざんじょ》は国を乱す〔というが〕、上《かみ》（太后）はこれまで寤《さと》らない。われに忠臣はいないのか。なんの故に国を逐《お》われたのか。田野の中に自決して、蒼天に直《ただ》しいことを挙げよう。乎《あ》嗟《あ》悔ゆべからず、むしろ蚤《はや》く自害すべきであったのに。王となって餓死す、たれかこれを憐《あわ》れもうぞ。呂氏の理不尽は、天に托してきっと仇を報じよう。

と。かれこれ劉邦と項羽の両者を考えると、項羽が、それまでは頑《かたく》なに張りあってきた天命を、死の直前に自得し、心満たされた思いで、自らの命を絶った（三四ページ）のと、最後までわが児如意への愛着をすてきれず、また劉氏政権の保持に執心しつづけたにもかかわらず、事は志とちがった高祖劉邦とを比べて、はたして両者いずれが、その死を前に真実な生《せい》を生き抜いたかについて、改めて問い直されねばならないのではなかろうか。

III

女流文学者班昭とその家系

——班家の人びと——

第一節　女流文学者班昭

❖才媛、班昭

中国三千年の歴史を通じても、女性の身で歴史書、なかでも二十四史とか、二十五史とかよばれる正史のうち、司馬遷《しばせん》の『史記《しき》』と並び称せられる『漢書』を、兄の班固《はんこ》獄死のあと、その遺志をついで続修し完成した班昭《はんしょう》こそは、中国第一等の高才博識の女性であるといえるであろう。

班昭は字を恵班《けいはん》といい、後漢の初代光武帝《こうぶてい》の建武二一（四五）年の生まれであるから、二人の兄の班固と班超とよりは十三歳の年少である。かの女は幼いときから才媛のほまれか高く、十四歳で曹寿《そうじゅ》（字は世叔）に嫁したが、夫に早く死別してからは、操志を守って再嫁しなかった。

後漢第四代の和帝《わてい》は、かの女の高才・博学を惜しんで、しばしば宮中に召し、曹大家《そうたいこ》（曹先生）と称して敬愛し、后妃や貴人の師範とし、あるいは珍異な品物が献上されるごとに、かの女を召して賦頌を作らせたという。

元来、後漢朝の君主は、前漢朝の君主たちに比べると、概して教養が高く、第二代明《めい》帝のごときは、大部分の詔書をみずから作ったといわれる。そのせいか、後漢朝では后妃たちにも学者や能書家が多かった。たとえば明帝《めいてい》の馬《ば》皇后は、好学の女性で、『春秋』や『楚辞《そじ》』などの書をよく読みこなしたといい、またかの女は、明帝のため起居注（日記）を書き、これを編纂している。

そのほか和帝の光烈陰《こうれついいん》皇后と和熹鄧《わきとう》皇后、第八代順帝の順烈梁《じゅんれつりょう》皇后らも学問の素養が深く、書にも堪能であったといわれる（『後漢書』后紀上・下、および『内藤湖南全集』第十巻所収「支那中古の文化」参照）。しぜん後宮《こうきゅう》でも学問が盛んで、女官たちも競って儒学を学んだ。このような後宮内の学問的雰囲気のなかで、班昭は勅をうけ、后妃や女官たちの師範として訓育・教導にあたったといわれるから、かの女の学問・教養がいかに高かったかがわかるであろう。

班固が獄中で死んだ（九九ページ）のち、班昭の学識の深さを高く評価していた和帝は、詔して、かの女に『漢書』未完の表八巻と天文志一巻との続修を命じたので、かの女は宮中の東書庫の東観において、兄班固の弟子の馬続らの協力をえて、ついに『漢書』を完成したのであった。班昭が兄班固の遺志を承けついで『漢書』の続修に従ったのは、かの女が四十歳前後のころかと考えられる。

ちなみに、『漢書』には古文が多く援用されていて、文章が難解であったので、当時の大学者と称せられた馬融《ばゆう》（馬続の弟）さえも、班昭からこの書の読み方や研究の仕方について、手ほどきを受けたといわれる。

さらに、かの女の学識の深さについては、『後漢書』巻一一四、列女伝「曹世叔妻」（班昭）の条に収められている永初年間（一〇七～一一三）に摂政鄧《とう》太后の下問に答えた上疏《じょうそ》を通じても、うかがえる。また、かつて兄の班超が、永年にわたる西域都護からの解任を嘆願して許されなかったとき、それを悲嘆して上書した、かの女の「為㆑兄求㆑代疏」（『後漢書』巻七七「班超伝」付載）をみれば、そのすぐれた文才とともに、兄を思う情愛の深さが知られるが、和帝もその厚い愛情に感動して、ついに班超の帰国を許したという。

❖『女誡』七章

班昭には『漢書』続修のほかに、編著として『女誡《じょかい》』七章、「賦頌《ふしょう》」十六篇などがある。そのうち『女誡』七章は、そのはしがきの末尾にも

妾はいま病重く、いつ死ぬかわからない。おんみたちが、こんなさまでは常に気がかりである。このごろ女誡七章を作った。どうか女《むすめ》たちよ、それぞれ一通ずつを写しておいてく

れ。おそらく、おんみらのためになるであろう。さようなら。しっかりなさいよ。

とあるように、かの女の娘や孫娘たちのために綴った戒めであり、それは一般女性への躾《しつけ》の書、「女大学」として知られる。

班昭の『女誡』は七章（七篇）より成るが、要約すると、つぎのようである。

第一章　卑弱　　もの柔らかな態度で人にへり下れば、誉《ほ》められる。

(1)女は謙譲・恭敬《きょうけい》であって、人にへり下るよう心がけること。

(2)夜はおそく寝、朝は早く起きて家事につとめること。

(3)心清らかに静かな態度で夫に仕え、心をこめた酒・食をととのえて、先祖に奉仕すること。

第二章　夫婦　　男の子と女の子は、夫婦の道にかなうよう教育されねばならない。夫婦の道を重んじるには、男子は夫としてふさわしく、古典を教えて身を慎ませ、女子は妻たるべく躾け教育しなければならない。

第三章　敬慎　　女子は敬慎（順）が第一である。

男子は剛に、女子は柔であらねばならないから、敬順の道（辛抱づよく寛容なこと）が婦人の最高の礼である。夫婦の争いは敬順の道に欠けることから起こる。

第四章　婦行　　女の行いには婦徳・婦言・婦容・婦功の四つが大切である。婦徳とは、清閑・貞静・守節・整斉を保つこと。婦言とは、ことばを慎み、考えてものを言うこと。婦容とは、身なりを清潔にすること。婦功とは、紡績につとめ、酒・食をととのえて客をもてなすこと。この四行《しこう》を実行するには、やさしい心がけ一つで足りる。

第五章　専心　夫一人を大切にすること。

夫一人に対し、専一に顔色を正し、清潔に礼儀を守りとおす。

第六章　曲従　舅《しうと》・姑《しうとめ》には曲げて従うこと。

夫に愛されるためには、舅・姑（夫の父母）に気に入られるよう、我意をおさえ、曲げて従うこと。

第七章　和二叔妹一

夫の妹（叔妹）と仲よくすることは、かの女らを通じて舅・姑にも愛されるようになり、ひいては夫の気に入ることにもなる。したがって、叔妹の心を失わないためには、しとやかで謙遜に、叔妹と誼《よしみ》をあつくせねばならない。

班昭の『女誡』は文章こそ平易であるが、その内容は、かの女の長年の生活経験にもとづいて『詩経』、『礼記《らいき》』、『論語』、『白虎通《びゃっこつう》』など巧みにとりいれており、これほど細心にゆきとどいた家庭の子女訓は、少ないであろう。この書は当時、後漢朝の知識人たちから、もてはやされ、碩学馬融《せきがくばゆう》もこれをみて感動し、妻や娘たちに読み習わせたという。

このような子女訓を通じてみても、後漢時代は、ただ単に学問や文学・芸術などにすぐれていたばかりでなく、一般家庭における子女の教育も、儒教的秩序で貫ぬかれていたことがわかる。

班昭は和帝の崩後、和熹鄧皇后が太后として摂政（一〇五～一二一）になると、かの女は太后の相談役となって政事にも関与しているが、この点でも、かの女の才気と教養が役立ったようである。

二人の兄のうち、長兄の班固は、六十一歳で非命にたおれたが（九九ページ）、次兄の超と、かの女とは、ともに七十歳をこえる長寿を保った。かの女の死に際して鄧太后は、みずから素服をつけて、哀悼の意をあらわすとともに、勅使を遣わして葬儀を監督させている。いかに太后の信頼が深かったかがわかるであろう。ちなみに、一子の曹成は、かの女多年の忠勤の功によって、はじめ関内侯に封じられ、のち山東の斉国の宰相となった。

第二節　班家の世系

❖班家の世系

さて、班昭の人となりや、その高才・博学について略述したが、ここでかの女を育てはぐくんだ班家、学問の家系としての班家の人びとについて、みてみることにしよう。

班固の『漢書』巻一〇〇「敍伝」によると、班家の先祖は、楚国《そこく》の令尹《れいいん》（家老職）の子文の後であるといえば、古く戦国時代の楚国の名族であったことがわかる。前二二三年に楚国が秦国にほろぼされると、晋・代の間（山西北部）に移り住んで班氏を名のり、牧畜生活に入ったといわれる。班姓を名のった初代の班壹は、始皇帝の末年ごろには楼煩《ろうはん》（山西省鴈門《がんもん》）で馬・牛・羊数千群を所有し、やがて漢初の孝恵帝および呂太后摂政時代には、北辺の一大豪族になっていたらしい。

この豪族の一子班孺《はんじゅ》は、任俠をもって州郡の信頼をえたが、孺の子班長《はんちょう》になると、仕官して上谷（河北省延慶）の守（長）となり、長の子の回《かい》も茂材《もざい》で長子（山西省長子）の令《れい》（長官）となった。回の子の況《きょう》は孝廉の官にあげられ、功をかさねて上河の農都尉から、さらに左曹越騎校尉に任じられ、またその女は前漢朝第十一代成帝（前三三～前七）の後宮に入内し、文才と婦徳をもって寵をえ、倢伃《しょうよ》（女官の一位階）の官にのぼったので、一家は晋・代の本籍をはなれて、首都の長安に徙《うつ》り住むことになった。

　こうして、班家の人びとが田舎まわりの役人から中央の官吏として抬頭することができたのは、まったく班倢伃のお蔭といえよう。

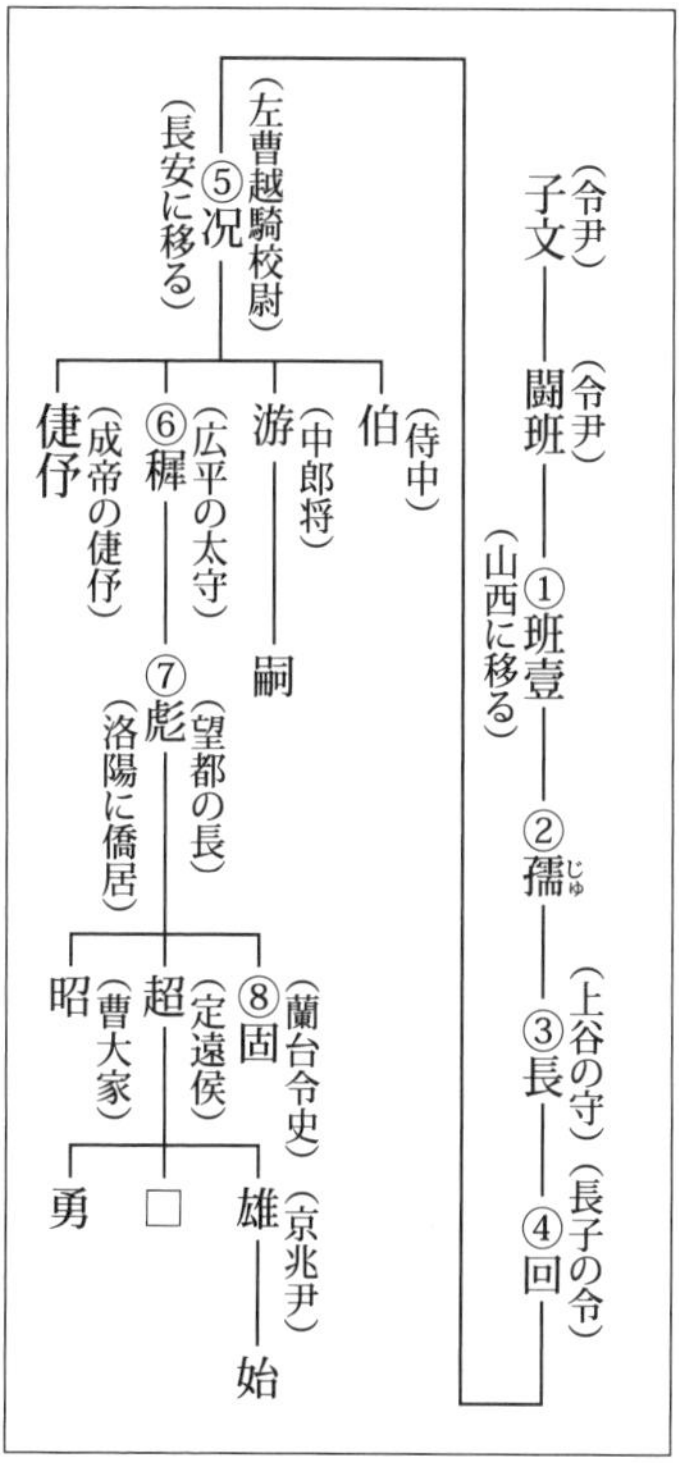

班氏世系略表

　班況には班倢伃のほかに、伯《はく》・游《ゆう》・穉《ち》の三人の男子があった。長子の班伯は容貌が端麗で、儒学を好み、身を持すこと倹《つつ》ましく、はじめ奉車都尉の官となったが、たまたま匈奴の単于《ぜんう》が来朝したとき、その警護にあたって功があり、定襄郡《ていじょうぐん》太守を拝した。高級官僚の末席くらい、といってよかろう。しかし、やがて中風を病み、侍中光禄大夫として東宮侍従を命じられ、朝廷の信任が厚かったが、病のため三八歳で卒した。

ちなみに、定襄郡の郡治は、今日の内蒙古自治区の首都呼和浩特《フフホト》市の北郊にあたり、漢代には匈奴族を控制《こうせい》する要地であった。

次子の班游も儒学の教養ふかく、博学俊才の名が高かったので、賢良方正の科目に及第し、やがて諫大夫・右曹・中郎将に進み、碩学の劉向《りゅうきょう》とともに宮廷の秘籍の校訂にあたったが、これが機縁になって班氏の家学が生まれたわけである。

第三子の班穉《ち》は少《わか》くして黄門郎中、常侍となり、第十二代哀帝（前七〜前一）が即位すると、広平郡（河北省永年）太守を拝した。穉は王莽《もう》と親しかったが、漢末喪敗の際にも軽挙妄動せず、よく節を守って班家を安泰ならしめることができた。班固の父班彪《はんぴょう》は、この班穉の子であった。こうして班家は始祖の班壹から班彪に至るまで七世をへたといわれる（世系略表参照）。

❖班彪

班彪は字は叔皮、幼少から従兄の班嗣とともに中央に遊学したが、家には蔵書が多かったので学問に専心し、そのうえ好学・好古の士が遠近から班家を訪ね来ったといえば、学問の研鑽には、願ってもない恵まれた境遇にあったわけである。しかし好事魔《こうじま》多しのたとえ、かれが二十歳の時に、王莽（九〜二三）の敗亡にあって、更始帝（二三〜二五）の乱入と赤眉《せきび》の乱とで、首都の長安は一大混乱におちいった。

更始帝とは劉玄のことで、後漢朝を興した光武帝と同族であるが、玄は王莽の末年に反乱をおこして帝を称し、年号を更始――更始一新の意――といった。紀元二三年長安に進攻し、王莽を殺して一時長安に都したものの混乱を収拾することができず、やがて赤眉賊の乱入にあって悲惨な最後をとげた。

班彪は長安の乱にまきこまれ、甘粛省天水に難をのがれて、隗囂《かいごう》の軍に身を投じ、いろいろ献策するところがあったが、かれは隗囂の気量にあきたらず、去って河西（甘粛省西部）にゆき河西大将軍竇融《とうゆう》の従事となった。これが、かれの開運のいとぐちになったようで、やがて竇融を通じて、光武帝にその見識と文才を見出されて知遇をえ、建武十三年ごろ徐州令を拝して徐州に赴任した。しかし官途にはついたものの、少し片意地な彪は、本職よりも生来好きな述作、わけても史学に心を傾け、司馬遷の『史記』をうけて歴史書を書くことを生涯の念願とした。

『史記』は、すでに前漢時代から人びとの間にブームをおこしていたが、この書は著者の司馬遷が武帝時代の人であったから、武帝の太初年間（前一〇四〜一〇一）で筆を絶っていた。そのため前漢時代から、たとえば楊雄《ようゆう》・劉歆《りゅうきん》・褚少孫《ちょしょうそん》・馮商《ふしょう》・史孝山らによって、その後の歴史書が書きつがれていたが、それらはみな班彪の意に沿《そ》わなかった。かれは徐州で病をえて官を辞すと、扶風に帰り、みずから筆をとって念願の『史記』につづく通史を書くことを志した。再び『後漢書』の班彪伝にかえってみると、かれは前史の遺事を採り、かたわら異聞をも引いて、「後伝」数十編（数十人の伝）を作った。『太平御覧《たいへいぎょらん》』に収める謝承《しゃしょう》の『後漢書』によれば、このとき、なお十数編が未完成であったという。

後伝とは『史記』につづく太初年以後の史伝の意であり、かれは高邁な理想をかかげて編纂に志し、前史を斟酌《しんしゃく》し、得失をしらべ正したといわれる。ところが、そのうちに、建武二三（四七）年ごろ、再び召し出されて官途につくことになった。それは大司徒の玉況の下に司徒掾《えん》に任じられたことをいうが、そのため、ついに初志をはたすことができず、建武三〇（五四）年に在官のまま五十二歳で卒した。

班彪には二男一女があり、長を固、次を超、女を昭といったが、かれははたしえない修史の業を、長子の班固につがせようとした。これは、あたかも『史記』が司馬談からその子の遷へうけつがれ、家業として撰述されたのと同様の関係である。ちなみに、後漢時代の学者として名高い王充も、若いころ班彪に師事したといえば、当時班彪もすぐれた学者の一人であったことがわかる。

第三節　班固と『漢書』

❖班固─父の遺志をつぐ

班固は後漢の光武帝の建武八（三二）年に河西で生まれたが、それは父の班彪がそのころ、河西大将軍竇融《とうゆう》の従事となっていた関係であろう。班固はその後、第四代和帝の永元四（九二）年に歿しているから六十一歳まで生存したことになる。なお班固のくわしい年譜については、鄭鶴年《ていかくねん》『班固年譜』（一九三二年刊）があるから、それにゆずる。

班固は、字を孟堅といい蘭台と号した。九歳で文章をつくり詩・賦を誦したといえば、かれには、父にまさる文筆の才があったようである。かれは十六歳で都の洛陽の大学に入り、二十三歳のとき父を失うまで、足かけ八年間、文字どおり刻苦して勉学にいそしんだが、その学問は、洛陽での修業中に、大成の素地ができあがったものと思われる。

当時洛陽には多くの学派が並び立って、それぞれ学問の正統性を主唱していたが、かれは、それらすべての学派の学問に通じたといわれる。にもかかわらず、その人となりは父に似ず寛和で、少しも才能を人に誇らなかったので、多くの学者から敬慕された。

たまたま父の彪が、建武三〇年に五十二歳で死ぬと、班固はすでに二十三歳に達しており、ただちに大学を退いて郷里扶風の安陵にかえって服喪し、三ヵ年の忌み明けを待って父の遺志にしたがい、遺された未完の『後伝』を私撰することに専念しはじめた（明帝、永平元年、二十七歳）。ところが永平五（六二）年かれが三十一歳のとき、上書して班固が家に在って、私《ひそ》かに国史を改竄《かいざん》していると誣告《ぶこく》する者があったので、ついに捕らわれて洛陽の獄につながれ、その著述や家書はことごとく官に没収されてしまった。

そのころ一たび投獄されると、獄中で死ぬものが多かったので、万一をおそれた弟の班超は、上書して兄の弁護に百方手をつくした。たまたま、さきに没収された著述や家書が学問好きの明帝の目にとまり、ついに班固は許されて宮中の蔵書や文書類を扱う蘭台令史（御史大夫所属）に召され、校書部に出仕することになった。やがて校書郎に昇任し、勅命をうけて翌永平六年から、あらためて史書（漢書）の撰述に従事した。後漢になると、前漢時代とちがって、歴史をつかさどるのは、太史令でなく蘭台令史であったからである。ときに班固三十二歳であったという。

❖『漢書』の編纂

『後漢書』巻七、「班固伝」によると、明帝の詔命をうけて、他の学者とともに、班固が最初に撰したのは世祖本紀であり、ついで列伝載記二十八編であったというが、これらは国史（漢代史）であって、司馬遷の『史記』をつぐ意味で、班彪が撰した『後伝』とは、体例を異にしたもののようである。というのは、さきにいったように、父彪の死後、班固が父の遺志をついで『後伝』の続修につとめていたころ、私《ひそ》かに国史を改作していると誣告され、京兆《けいちょう》の獄につながれて中断していたのを、明帝が再びその続修を命じたとき、班固は、司馬遷の『史記』が漢室を百王の末に列し、始皇帝や項羽らと同列においたことを非難し、ついに漢一朝の歴史書である『漢書』を独立撰修したのだ、という。

したがって『後漢書』巻三十、「班彪付伝」の「班固伝」によるかぎりでは、修史に対する班固の方針は、父彪の『後伝』の続修に従事した投獄以前と、蘭台の校書部に入仕して、明帝の詔命をうけて、世祖本紀や列伝載記を撰した以後とでは、通史体から漢一朝の断代史体へ、と大きく変化していることがわかる。

こうして班固は、永平六年以来約二十年余のあいだ、蘭台の一官に甘んじつつ、「禁中に入って連日継夜」ひたすらに『漢書』の編述にしたがったのであった。そしてかれは、章帝の建初七（八二）年五十一歳のとき、ひとまず『漢書』の稿を了《お》えることができた。しかし、それがまだ完結をみなかったことは、『史通』巻十二、「正史」の条に

> 書（班固の『漢書』の稿本）は頗《すこぶ》る散乱していて、能く綜理されてない。（そのため）妹の班昭が博学で文章にも長じていたので、詔を奉じて校叙した。云云

というとおりである。趙翼《ちょうよく》の『二十二史箚記《さっき》』（巻二）によれば、班固の『漢書』未完の部分は、班昭・馬続のほか、後さらに盧植・馬日磾《ばじつてい》・楊彪・蔡邕《さいゆう》・韓説《かんえつ》らが補足訂正したものという。

このように『漢書』は班固のほか、後の多くの学者の手をへたものの、しかし『漢書』撰述の大綱は、まったく班固の方寸に出たものといってよく、いまいったように、それは父の彪が『史記』につづく通史を企図したのとは異なり、班固は漢の高祖から平帝までの前漢二百三十年間を、まとまった一個の歴史世界として『漢書』にまとめ上げたのであった。これこそ後世「断代史」（時代史）といわれる歴史書の一形式であって、以後の正史はみな『漢書』の断代方式を踏襲《とうしゅう》するようになった。かくて司馬遷の『史記』による紀伝体形式の通史法と班固の『漢書』による同じ形式の断代史法とは、中国における歴史書の二つのスタイルを確立したわけである。

❖『漢書』と『史記』

『漢書』はその体裁では、いちおう『史記』の紀伝体すなわち本紀と列伝とを主体とする形式にならってはいるが、『史記』の本紀（十二巻）・年表（一〇巻）・書（八巻）・世家（三〇巻）・列伝（七〇巻）の五部門に対し、『漢書』は「世家」を削除して帝紀（史記の本紀）・表（史記の年表）・志（史記の書）、列伝の四部門に分かつ。

各部門別の異同をいえば、帝紀では高祖紀の後、高后（呂后）紀の前に恵帝紀を設け、『史記』の項羽本紀を省いて列伝にくり入れている。司馬遷が『史記』で恵帝紀を立てなかったのは、このとき呂太后がすべての実権をにぎっていたからであるが、班固は大義名分の上から恵帝紀を立てたものと考えられる。

また班固が『史記』の項羽本紀を列伝に組み入れたのも同じ理由で、項羽は西楚の覇王として一時天下の覇権をにぎったとはいえ、まだ懐王義帝がおり、大義名分上帝紀に入れるべきでないと判断したためであろう。唐の史記索隠家の司馬貞のごときも、班固に賛して、項羽本紀は「宜しく帝記から下げて世家とすべきである」といい、また呂后本紀についても「呂后本紀と孝恵本紀とに分かつべし」という。

つぎに『史記』の八書（礼・楽・律・暦・天官・封禅・河渠・平準）を『漢書』は志といい、

律暦（上・下）、礼楽、刑法、食貨（上・下）、郊祀《こうし》（上・下）、天文、五行（上・中・下五巻）、地理（上・下）、溝洫《こうきょく》と改めたばかりでなく、たとえば「刑法志」や「地理志」のごときは『史記』とはその内容を異にして、以後の正史の素型を創《はじ》めている。そのほか別に「芸文志」一巻をあらたに加えるが、これも班固の創見といってよかろう。「世家」を削除したことは、すでに指摘したが、このため陳渉・外戚そのほかの蕭相国（蕭何）・曹相国（曹参）・留侯（張良）・陳丞相（陳平）・絳侯（周勃）などの世家は廃して、すべてこれらを列伝中におさめる。このようなちがいは、班固によれば『史記』の体例を正したものというが、かれはつねに『史記』を意識しつつ『漢書』を修めたようである。

古来『史記』・『漢書』の両書は、つねに多くの学者によって比較・論評されてきたが、なかでも劉知幾《りゅうちき》の『史通』をはじめ鄭樵《ていしょう》の『通志』、顧炎武《こえんぶ》の『日知録《にっちろく》』、趙翼の『二十二史劄記』、王鳴盛《おうめいせい》の『十七史商権《しょうかく》』などには、両書の異同・得失が具体的に例示され詳論されている。そして、それらの評価は、劉知幾のほかは多く『史記』を挙げ、司馬遷に中国史書創始の功を記している。

しかし、すでに内藤湖南博士も指摘しているように、『漢書』には政治に関する記述において、詔令や上奏文や個人の手紙など、生《なま》の資料をそのまま収めているものが多く、この点に関しては、科学性を主張する現代の歴史学者たちは、史料としての『漢書』の信憑性《しんぴょうせい》により高い評価をおくであろう。一例をあげれば、『漢書』司馬遷伝にみえる「任安に報ずる書」を通じて、われわれは受刑後の死にまさる苦悩、あるいはその苦悩と孤独とに堪えて『史記』の著述に精魂をかたむけた司馬遷の心情を、今日如実にうかがうことができる、などである。

❖『史記』・『漢書』両書の社会的背景の相異

総じていえば、史・漢両書の相異は、たしかに司馬遷と班固との個人的性格差とか、あるいは両者の歴史に対する識見・才能のちがいにもよるであろう。あるいはまた、『史記』が私撰書であるのに対し、『漢書』は詔命をうけて編纂されたという公的立場のちがいもあるであろう。とかく公的立場に立つと、条理の明哲や立場の明確さを重んじるあまり、固い姿勢にならざるをえない。顧炎武が『日知録』（巻二十六「漢書不レ如二史記一」）に『史記』を評して

令レ人読レ之、感慨有二余味一。……中略……情態横出、文亦工妙。

などというように、『史記』は読者をして知らず知らず楽しませるが、その魅力とは、司馬遷がとらわれない立場——班固はこれを遷の黄老主義として非難するが——から『史記』のなかの登場人物を、天性の自由・濶達な文学的表現で、個性ゆたかに描写していること。さらに強調されることは、かれが受刑後堪えがたい心の痛手を負いつつも、弱者・不遇者に深い同情をもって、かれらの人間性をみつめている点に、人びとの共感をよぶものがあるということで

あろう。

それに比べると、『漢書』は個性の描写というよりも、儒教的倫理観によって人びとの行動を律し、また資料もこれに準じて整理し、そこに合理性と画一性とを求めようとした点に、律義さや息苦しさを感じさせるものがあるといえる。

とまれ両書を比較していえることは、司馬遷の生きた前漢の武帝時代と、班固の生きた後漢中期との社会的風潮の相異によるところ大なるものがあるのを見のがしてはならない。

というのは、前漢の武帝によって学問（儒学《じゅがく》）の道が開かれたものの、それが社会一般の教養になるまでには、前漢一代の二百余年間かかった。そして後漢になると、初代の光武帝、つぎの明帝とも好学の君主であったため、朝廷の庫には書籍が充積《じゅうせき》していたといわれるように、学問が普及し、その後も君主はもとより后妃にも学問をはげんだ人が多く、群臣たちにも高い教養を身につけたものが輩出している。

だから後漢では前漢に比べて社会的秩序が整い、「節義」（道徳的名誉）が重んじられた。しかしその反面、人びとは素朴さを失い、学問・道徳でうわべを飾るようにもなったといえよう。『漢書』が『史記』に比べ儒教倫理的色彩が強く、それだけに道徳的であり、合理的で一見すじみちが立っているのは、儒教を表看板にしたこのような後漢の時代思潮、いわば謹厳さをよそおう姿勢の影響によることも大きいと思われる。

具体的な例として、史・漢両書の「游俠伝」をとりあげて説明すると、司馬遷は『史記』游俠伝の序で、游俠者が信義のためには身命をもかえりみないで阨困《やっこん》におもむくという、その志操を高く評価し、さらに人びとが、かれらの真意を察知しないで、みだりに世間一般の暴力団と同一視することをなげき弁護している。これに対し班固は『漢書』游俠伝において、『史記』游俠伝から朱家《しゅか》・劇孟《げきもう》・郭解《かくかい》らをそのまま採りいれながら、その序のなかでは郭の行為を難じて、これを秩序・法網をみだる罪人とみなしているところに、両者の立場の相異が、はっきり認められるであろう。

❖晩年の班固

さて班固が、後漢代の学術界に重きをなしはじめたのは、第三代章帝の建初四（七九）年、かれが四十八歳のとき、勅命によって白虎観に諸生・諸儒が会同して五経の異同を講学討議したところからである。そのころ、かれはまだ『漢書』を修史中であったが、碩学の一人として講学に列《つら》なり『白虎通義《びゃっこつうぎ》』（六巻）を撰述した。これについて『後漢書』章帝本紀には、このとき白虎観に会同した学者は、『班固年譜』の考証によれば、班固のほか楊終《ようしゅう》・魏応《ぎおう》・淳于恭《じゅんうきょう》・李《り》育《いく》・賈逵《かき》・張酺《ちょうほ》・魯恭《ろきょう》・桓郁《かんいく》・丁鴻《ていこう》・召馴《しょうじゅん》・楼望《ろうぼう》・劉羨《りょうせん》ら十二人をかぞえたといわれる。ついで、かれは元和三（八六）年と、その翌年の章和元年には、礼楽改定の問題に関しても、章帝のお召しをうけ、叔孫通の『漢儀』十二編をのぼせた（『後漢書』曹褒伝）。

これよりさき、班固が『漢書』を脱稿し終える前後から、後漢では匈奴問題が政治上・外交上大きくクローズアップしつつあった。もともと匈奴と漢朝との関係をみると、前漢の武帝の討伐以後、匈奴はその本拠を長城地帯から北モンゴリア、今日のウランバートルの北西方に移したが、かさなる天災と単于位の継承をめぐる内輪争いによって東・西に分裂し、東方勢力を代表する呼韓邪単于《コカンヤゼンウ》一世は前五一年、ついに漢朝に帰順した（Ⅳ編 第二節 匈奴王に嫁いだ王昭君一三五ページ参照）。その後前漢がほろんだのち、王莽の匈奴政策の失敗や赤眉《せきび》の反乱などによる中原の混乱に乗じ、かれらは攻勢に転じて北辺に侵寇をくりかえした。

しかし後漢朝にとって幸せなことには、やがて、かれらは再び内紛から南・北の両政権に分裂して抗争しはじめ、北匈奴部に敗れた南匈奴部（呼韓邪単于二世）は後漢朝に来降してきたので（四八年）、後漢朝では、かれらを長城内に遊牧させて北匈奴部防衛の役わりを負わせた。孤立した北匈奴部は、後漢軍と南匈奴軍とに挟撃されるのをおそれて、しきりに和親を求めてきたため、南・北匈奴部に対する処置が後漢政府にとって大きな問題となってきた。班固も北匈奴部対策について献議するところがあったが、かれの主張は、あくまでも前漢の宣帝時代および後漢の武帝・明帝時代のような懐柔・羈縻《きび》策を踏襲すべきことであった。こうして班固は匈奴問題に深いかかわりをもつことになったのである。

章和二（八八）年、班固は五十七歳のとき母の喪にあい、一旦は官を去って喪に服したが、翌永元元年には車騎将軍竇《とう》憲の北匈奴征伐に中護軍としてその帷幕《いばく》に参じ、北匈奴単于を追って遠く北モンゴリアの燕然山《えんぜんざん》（杭愛山）にまで至り、漢の威徳を作文し石に勒《ろく》して（燕然山の銘）凱旋した。竇憲はかつて父の彪が恩顧をうけた竇融の曽孫にあたるが、班固が北匈奴討伐に従軍したのは、このような縁故からであろう。

ところが、軍功をかさねて大将軍となった竇憲が、永元四（九二）年に、和帝暗殺の陰謀をくわだてた罪科《とが》で死を賜うと、憲との深い関係が禍いして班固も連座の罪に問われて官を免じられ、ついでまた洛陽令に対するかれの家奴の非行にも連座して投獄され、同じ年獄中に非業な死をとげた。六十一歳であった。こうして晩年の班固は、政争にまきこまれ、ついに非命にたおれて『漢書』を完成することができなかった。それにしても、司馬遷といい班固といい、稀有《けう》の史才をいだく身ながら、はからざる禍によって、一人は死にまさる腐刑《ふけい》に泣き、一人は獄中に横死したことは、ともに相似た悲運な星の下に生まれた人たちといえようか。

なお、班固には『漢書』のほか『白虎通義』（白虎通）、洛陽・長安両都をうたった『両都賦《りょうとふ》』、『幽通賦《ゆうつうふ》』、『燕然山銘』などが有名であって、『両都賦』は三十三歳、『白虎通義』は四十八歳のときの述作である。

第四節　班超と西域経営

❖武人、班超の夢

班固と班昭とが後漢朝を代表する学者であるとすれば、班超は後漢代のすぐれた軍略家・政略家であるといえよう。

班超は兄の班固と同年の建武八（三二）年――一説に建武九年ともいわれるが、『班固年譜』にしたがう――の生まれで、字を仲升といった。班固が父彪の死後、家郷の扶風にかえり、亡父の遺志をついで史書の撰述にしたがっていたところ、国史を改竄《かいざん》している、との誣告をうけ獄につながれると、班超は兄の冤罪《えんざい》を訴えて百方奔走した。その甲斐があってか、やがて固は釈《と》き放たれ、またそのことが機縁で、固は明帝にその文才を見だされて、校書部に出仕する身となったことはすでにみたとおりである。このため班家は、一家をあげて都の洛陽に出てきたが、しかし秩百石の手当では、一家の生計は苦しく、超も写字生となって家計を助けねばならなかった。

しかし、かれの鬱勃《うつぼつ》たる客気は、写字生のような、しがない職業《アルバイト》では、とても満足できなかった。たまりかねたかれは、あるとき筆を投じて

男子たるものが、このような筆耕に長らくたずさわるなんて駄目だ。いっそ、かの博望侯張騫《ちょうけん》のように、国外に出向いて武功を立て、封侯をかちとりたいものよ。

と独語したところ、同僚たちは、みな笑って相手にしなかったという。

がんらい、班家の人びとの血には、学者肌と任侠・武人肌との二色《ふたいろ》の血が流れていたようで、たとえば、さきにみた班固の六祖班孺《はんじゅ》や曽祖父にあたる班況は武人肌であり、況の二男班游は学者肌である。班固と班超兄弟にも、その傾向がみられる。

やがて班超の母に対する孝養ぶりが明帝の耳に入ると、永平八（六五）年、班超も写字生から蘭台令史に抜擢されて、兄と同じく校書部に出仕することになったが、不幸にしてかれは連座の罪で官を免じられた。そのうちに、かれの生涯の命運を決する機会にめぐまれた。永平十六年といえば、班超はすでに四十二歳に達していたが、たまたま将軍（奉車都尉）竇固《とうこ》の北匈奴部遠征に従軍することになった。竇固は、さきに父の班彪が仕えた建国の功臣の大将軍竇融の甥にあたるので、この従軍は、おそらく父の縁故によるものであろう。

このとき竇固の北匈奴遠征の目的は、西域諸国への交通路打開にあった。さきに班固の条で

も一言したように、後漢代になると、匈奴は南・北匈奴部に分裂して争い、南匈奴部長の日逐王比は、後漢朝に来投して長城地帯に遊牧することを許され、呼韓邪単于《コカンヤゼンウ》二世を称したが（一七三ページ）、北匈奴部は、一旦は漢北の本地に拠ったものの、やがて後漢軍と南匈奴軍とに圧迫されてしだいに西北に移り、東部天山方面から西域の城郭《オアシス》諸国を勢力下に収めたので、後漢としてはこの北匈奴部の勢力を排除して、西域の交通路を打開し確保しなければならなかったのである。

❖漢と匈奴と西域諸国

そもそも匈奴と西域のオアシス諸国との宗属関係は、後漢帝国のそれよりも、古くかつ密接であった。『史記』によれば、前漢の孝文帝四（前一七六）年ごろ、匈奴はすでに河西地方にいた月氏族を撃滅して、楼蘭《ろうらん》（のちの鄯善《ぜんぜん》）・烏孫・呼掲《こけつ》など西域二一（三？）十六国を服属している。また『漢書』西域伝には、その後匈奴は焉耆《カラシャル》付近に僮撲《どうぼく》都尉という官をおいて西域諸国を支配し、これに賦税したといえば、前漢の孝武帝が即位した前一四〇年ごろまでは、西域諸国のほとんどは、匈奴の支配下にあったわけである。

ところが孝武帝（武帝）が立つと、有名な張騫《ちょうけん》の二度にわたる中央アジア派遣とか、将軍の衛青《えいせい》や霍去病《かくきょへい》らの数回にわたる匈奴遠征によって、しだいにオルドスや甘粛西部の河西地方から、匈奴勢力を一掃して、玉門関までの間に河西四郡を設置し、さらに西域の楼蘭国・姑師《こし》国を征服して（前一〇八）、西域への交通路・貿易路が開かれるようになったことは、のちに述べるとおりである（一二三〜一二七ページ）。

とはいっても、西域のオアシス諸国に対する匈奴の勢力は、そう簡単には消え去るものではなかった。西域は匈奴にとっては、その遊牧国家を維持してゆく上の生命線であった。かれらは西域諸国を支配下におさめて東西交通路（シルク－ロード）を掌握し、このルートを利用して、かれらが漢帝国から収奪したり、また歳幣《さいへい》として贈られる生糸や絹織物や、あるいは西域諸国の玉《ぎょく》などの貴石類をもって、西方世界のローマやペルシアなどと交易し、その利潤を有力な国家財源としていたからである。

そのほか、このシルク－ロードを利用する隊商から収奪する通関税も、少なからざる利得であった。東西貿易に従事する隊商たちと匈奴とは、前者は後者によって交通上の安全を保証され、後者は、その代償として前者から通関税をとって、経済的利得をえるという共生的関係にあったわけである。

漢の勢力が西域に対して、ほんとうに定着したのは、貳師《じし》将軍李広利《りこうり》の二回にわたる大宛（フェルガナ）征伐（前一〇四――前一〇二）からで、その後一時振るわなくなったが、さらに宣帝の神爵三（前五九）年に、クチャの東方烏塁《うるい》城（チャディール）に西域都護がおかれると、匈奴の勢力は締め出されて、ここに前漢の西域経営はひとまず成功することになった。

❖班超と後漢の西域経営

前漢時代の西域諸国に対する積極的な関係に比べると、後漢時代の西域諸国との関係は、後漢側の消極的な態度から、よくいわれるように、「三通三絶」の不安定な状態であった。さきにいった明帝の永平十六（七三）年における竇固将軍の北匈奴遠征は、アルタイ山東麓のハミ（伊吾）、バルクル-ノール（蒲類海）地方に拠る北匈奴軍の主力をたたいて、天山山麓ぞいの北道諸国に対する後漢の支配権を回復しようとするのが目的であったが、所期の成果をあげることができなかった。

そこで、この遠征に従軍して功をみとめられた班超は、やがてロブ-ノール湖畔の鄯善《ぜんぜん》国に帰順を勧告するため、永平十六年に派遣された。天山南道に沿うこの国は、はじめ楼蘭国として知られていたが、前漢の昭帝のとき（前七七年）改名され、以来鄯善国とよばれた。班超がこの国に使したとき、まだそのころ、西域諸国に対する北匈奴の影響力は絶大なものがあった。とくに西域諸国のうちでも鄯善国は、古くから匈奴の西域諸国に対する前線拠点でもあったので、北匈奴部は、つねにこの国に対して圧力をくわえていたため、鄯善国王は、人質を後漢と匈奴の双方に送って、わずかに身の安全をはかるという、ありさまであった。

わずかに三十六人の部下をひきいて鄯善王庭に至った班超一行は、当初の間は厚いもてなしを受けていたが、そのうちに、北匈奴の使者が百余人をひきいてやってくると、急に漢使への待遇は冷たくなった。機をみるに敏な班超は、「虎穴に入らずんば虎子を得ず」といって部下をはげまし、三十六人をひきいて機先を制し、北匈奴の使者を急襲して百余人を殺した。鄯善国王は怖れて忽《たちま》ち服属したので、班超は、ここを拠点に、天山南道のコータン（于闐、和闐）を、翌七四年にはカシュガル（疏勒）などを、つぎつぎに服属したが、これは一時の勢いで、天山北道はもとより南道の諸国に対しても、北匈奴の圧力はなお強く、かれはカシュガルにあって、しばしば孤立におちいりがちであった。

明帝をついで、その子章帝が永平一八（七五）年に立つと、西域諸国は連合して班超を攻め、後漢朝に反意を示したので、漢朝も一時西域経営を中止して班超を召還することにした。しかし班超は、かれの恩・威をしたうコータン、カシュガルの人士に懇請され、三十余人の部下とともに、カシュガルにとどまる決意をした。

こうして班超は孤立無援で西域の経営に従事すること五年間、やがて建初五（八〇）年、本国からの援軍千余人を得ると、八七年には天山南路の莎車《ヤルカンド》・亀茲《クチャ》（庫車）・温宿《アクス》・姑墨（拝）・尉頭《ウチ》（烏什）ら城郭諸国の連合軍をやぶった。あたかもそのころ永元元（八九）年、大将軍竇憲が北匈奴を伐って燕然山（杭愛山）の本拠を陥れた――この遠征には班固も中護軍として帷幕に参じていた——のち、さらに軍を伊吾《ハミ》にまで進めて、匈奴勢力を天山南路の南・北道から駆逐したのをきっかけに、後漢（和帝）は永元三（九一）年クチャに西域都護府を開き、班超を都護に任命した。

西域都護となった班超は、永元六（九四）年までには、天山南・北道およびパミール東西の西域五十余ヵ国を後漢朝の威令の下に服属させたが、その功によって永元七年、定遠侯に封じられた。

そのむかし蘭台の写字生時代に、同僚から妄想として笑われた「虎穴に入らずんば云々」の大望を、かれは三十年後のいま、ついに実現したのであった。そしてその夢はもっとふくらんだ。そのころ西アジアに君臨していたパルチア王国（安息国）は、西方の大秦国（ローマ帝国）からしばしば侵圧されたが、班超は大秦国の富強を伝聞すると、この国と交通を開くべく、永元九（九七）年部将の甘英《かんえい》を大奏国に派遣した。

甘英は、中央アジアをへてパルチアの西界まで至ったが、船人におどされて引きかえしたため、せっかくの大壮挙もむなしく挫折してしまった。しかし、これによって『後漢書』西域伝にみるように、西方世界の事情は、いちだんと広く詳しく中国に知られるようになった。

班超は、かつて永平十六年、鄯善国に使してから西域にとどまることおよそ三十年間、七十歳にも垂《なんな》んとする老齢のゆえに、しきりに致仕《ちし》して帰国せんと懇請したが、後継者難の理由で願いは容易に許されなかった。そこで妹の昭は、和帝に上書して歎願したため、ついに帰国することをえたが、永元十四（一〇二）年八月、洛陽において七十一歳をもって病死した。

班超は三十一年におよぶ西域駐留中、和帝もかれの功を称して「得二遠夷之和一、同二異俗之心一」というように恩・威ならび行う経営によって後漢帝国の国威は、中央アジア全域はもとより遠くイランからイラク、シリア方面にまでおよんだといわれる。

❖班勇

班超には三子があり、長を雄、少子を勇といった。雄は、屯騎校尉をへて京兆尹《きょうちょういん》となり長安に卒した。その嗣子を始といい、かれは清河孝王《せいかこうおう》の女《むすめ》陰城《いんじょう》公主に尚したが、公主の淫乱を怒ってこれを殺害した罪で、永建五（一三〇）年に腰斬《ようざん》・棄市《きし》された。

班勇は超の三子のうちでも、いちばんよく父に似ていた。安帝のとき摂政の鄧《とう》太后に召されて、西域経営について献策したのが、やがて認められて延光二（一二三）年には西域長史となって柳中《クルチュン》に駐留した。かれはその後鄯善・亀茲・姑墨・温宿・車師をはじめ疏勒・莎車・于闐など西域十七国を服属させて偉功をたてたが、永建二（一二七）年焉耆《カラシャル》国を攻めたとき、期におくれたため召還されて獄に下され、のちゆるされて家に卒した。かれも班家の血をうけて文筆の才があり、いまの『後漢書』西域伝は、かれの記録によるところが多いといわれる。

なお班超について、より詳細には、桑原隲蔵「東漢の班超」(『桑原隲蔵全集』第一巻所収)を参照されたい。

Ⅳ

異境に嫁いだ公主たち

第一節　烏孫王に嫁いだ細君

❖和蕃公主

中国では古来宗室《そうしつ》の女《むすめ》を公主《こうしゅ》と称しているが、ここにいう公主は、いわゆる「和蕃《わばん》公主」のことである。中国の歴代王朝、といっても、だいたい漢代から唐代ごろまでの各王朝は、異民族を手なづけ懐柔する外交上の一手段として、一族諸王の娘か、あるいは後宮《こうきゅう》の女官の一人をえらんで公主と称し、胡族《こぞく》の王たちに降嫁させているが、この公主を、とくに和蕃公主とよんだ。

中国のように、東西南北の四周において、異民族とたえず接触があるところでは、はるか古い時代から外交政策上の一手段として、その懐柔のために、婚姻策が用いられている。それが記録上で確認されるのは、漢帝国の高祖（劉邦《りゅうほう》）のとき、匈奴王の冒頓単于《ボクトツゼンウ》との間に和平の盟約が成立して、公主の降嫁が約束されたのが最初のようである。その後、唐代ごろまでに、このような、ならわしに従って降嫁された和蕃公主は、幾十人をかぞえたことであろうか。

こうして、異民族の王に嫁した和蕃公主たちの多くは、異域でその生涯を終えたが、かの女たちは、遠い異境にあって、故国への切々たる恋慕の念《おもい》を、ひたすら詩・文に托してみずからを慰めていたという。

しかし彼女らに関して、いまに伝わる史料は、まことに蓼蓼《りょうりょう》たるものである。ここにとりあげる、漢代に西北方はるかの烏孫《うそん》族の王に降嫁した細君《さいくん》（江都《こうと》公主）、また後漢代に南匈奴王に嫁いだ王昭君《おうしょうくん》との二人の女性、あるいは少し時代は下るが、唐の第二代太宗の六四一年に吐《と》蕃《ばん》（ティベット）王のソンツェン＝ガンポ（漢字訳で棄宗弄讃）に嫁した宗室の女、文成《ぶんせい》公主などについては、たまたま、かの女らの降嫁の事情が、多少でも青史に書きとどめられたり、あるいはまた、かの女らが遺した詩文なりが伝えられる幸運にめぐまれたため、後世の人びとの同情を喚《よ》びおこすようになったのである。

❖最涯《さいはて》の地烏孫に嫁いだ細君

烏孫王に降嫁した細君は、前漢の武帝の治世の中ごろ、当時北アジア世界に強勢を誇っていた匈奴王国よりも、さらにはるか西北方に遊牧する、今日の新疆ウイグル自治区にいた烏孫というトルコ系の遊牧部族の王に降嫁させられた和蕃公主である。

『前漢書』巻九六、「西域伝」に収められている烏孫国の条には、このことを、つぎのように伝える。

漢の元封中（前一一〇〜一〇五）、宗族の江都王劉建《りゅうけん》の女《むすめ》細君を、和蕃公主として烏孫王昆《こん》莫《ばく》に妻《めあ》わせることとした。乗輿《じょうよ》・御物を賜い、宦官・侍御数百人を供奉させた。烏孫王の昆莫は、細君を迎えると右夫人（第二夫人）としたが、匈奴王もだまってはいない。直ちにその女を昆莫に妻わし、左夫人（第一夫人）とした。

この一文によると、細君は武帝の兄の子（甥）にあたる江都王の劉建の女であるといえば、仮《かり》の公主ではなく、正真正銘の公主であったので、かの女は、とくに江都公主とも称せられている。

こうして、和蕃公主として白羽の矢を立てられた江都公主の劉氏細君は、武帝の勅命もだしがたく、遠く西北のかた最涯《さいはて》の地の烏孫王に降嫁したのであった。武帝の政略結婚策とはいえ、江都王一族、わけても細君にとっては、たいへんな犠牲を強いられたわけである。

ちなみに、烏孫王が細君を右夫人（第二夫人）、匈奴王の女を左夫人（第一夫人）としたというのは、そのころ烏孫に対する匈奴王国の勢威が、漢帝国のそれよりも大きかったことを語るものである。

それでは漢廷としては、どうして烏孫王と同盟を結ばねばならなかったのか。その歴史的背景について少し考えてみよう。それには、漢帝国と、そのころ覇者として北アジア世界に君臨していた匈奴王国との関係から説きおこさねばならない。

冒頭にもちょっとふれたが、漢帝国と匈奴王国とは、建国のはじめから宿敵の間柄であり、しかも漢の高祖は、匈奴の冒頓単于《ボクトツゼンウ》に包囲され、手痛い反撃を蒙るという、分《ぶ》のわるい関係に立ったのである（一一八ページ）。

❖建国の英雄冒頓単于

匈奴遊牧王国の建国者を冒頓というが、かれの年少時代の匈奴部族は、北アジアの遊牧部族のなかでも、まだ大した存在ではなかった。かれは、父の頭曼《トマン》部長の下で苦労をかさねたようである。これについて『史記』の「匈奴伝」にみえる一文を、少し長いが、つぎに要約してみよう。

冒頓は秦の始皇帝のころ、その勇将の蒙恬《もうてん》が、北辺一帯に万里長城を修築したころ、匈奴部族の部長であった頭曼の子として生まれた。そのころ北アジアで勢力があった部族は、東方のシラムレン流域（興安嶺東麓）からチャハル方面に遊牧するモンゴル系の東胡《とうこ》族と、西方の河西地方（甘粛省西部）から西北モンゴリアおよびトルキスタン方面に占居するトルコ系の月氏《げっし》族とであった。

匈奴部族は頭曼にひきいられて、その中間にあたるオルドス地方から今日の呼和浩特市《フフホト》（内蒙古自治区）を中心に、陰山山脈の南北一帯にいたが、東胡・月氏の二大強族にはさまれ、そのうえ南方からは秦軍の制圧をうけて、ついにオルドス地方を失うことになった。そこで頭曼は、匈奴部の保身の一策として、冒頓を西隣りの月氏に人質としておくった。もっとも、これには家庭の事情もあったらしく、なさぬ仲の母親が、頭曼の寵をたのんで義子の冒頓を廃し、年少の己の子を立てようとした、たくらみにもよるものであったらしい。そのうち冒頓は、月氏国から逃げかえっているが、あたかも、そのころ秦では始皇帝が死んで蒙恬も北辺から去り、さしもの秦の北辺防衛体制も瓦解に瀕していたため、匈奴部もやや勢力をもりかえし、オルドス地方へ再び進出しはじめつつあったときでもあったので、冒頓はただちに万騎の長官に任じられた。

こうして多数の部衆をえた冒頓が、最初にいだいた野望は、父への反逆であった。かれは苦心してそだてあげた強力な親兵隊をもってクーデタをおこし、父および父をとりまく人びと――閼氏《アツシ》（頭曼単于の妻）や諸弟や反対派の諸部長――を誅殺《ちゆうさつ》して、匈奴部族を中心とする諸部族連合体の首長（単于）になった。

『史記』の注釈家として知られる徐広《じよこう》は、この年を秦の二世皇帝の元年（前二〇九）に比定している。

ちなみに単于《ゼンウ》とは、匈奴語で君長という意味のことばであるが、冒頓は、おそらく匈奴部を中核とする諸部族の連合体をつくって、かれがその首長として、単于号を称したのであろう。

❖匈奴遊牧王国の出現

さて、冒頓が自立すると、かれはすぐれた智謀と奇策をもって東胡族をほろぼし、また西の月氏族をも奔《はし》らせている。これについても『史記』は、つぎのような逸話を伝える。

東隣の東胡王は、冒頓が父を殺して自立したと聞くと、すぐに使をつかわして、頭曼の所有していた千里を走る名馬を要求してきた。そこで、かれは群臣にはかったところ、みな千里の馬は、匈奴の宝馬であるから与えてはなりませんと答えた。冒頓はこれに対して、隣国同士の間で、馬一匹ぐらいどうして惜しもうぞ、といって要求どおりの名馬を与えた。

東胡王は、冒頓がかれの威力におそれたものとうぬぼれ、しばらくすると、また使を派して冒頓の一夫人を要求してきた。そこで、また冒頓はこれを部下たちにはかったところ、かれらはみな東胡王の無礼を怒り、これを撃たんと願ったが、かれは、このたびも隣国同士だのに、どうして女子一人くらい惜しもうぞ、とて寵愛する夫人を与えてしまった。

そこで、東胡王はいよいよ驕慢《きょうまん》になり、冒頓をないがしろにしはじめ、ついに両国の中間にある無人の荒地千余里の割譲を要求してきたので、これについても群臣にはかったところ、かれらは、いずれも無用無人の土地であるといって割譲することに賛成した。ところが、冒頓はこれを聞いて大いに怒り、土地は国の本である。なんでこれを与えることができようぞ、割譲に賛成するものはみな斬らん、といって、ただちに国中に令して兵をととのえ、不意に乗じて東胡王を急襲し、これをほろぼして、その部民や家畜を獲てかえった。

この説話は、要するに、当時なお匈奴部よりも優勢であった東胡族を、奇策をもって撃滅したという、冒頓の智謀にすぐれていたことを語るものである。

さて東胡族を打倒した冒頓は、つぎには、ほこさきを転じて、西方の月氏族を奔らせ、東と西の強敵をうって、北アジア世界の覇権をにぎることになった。またそのころ、あたかも中国では、楚（項羽）と漢（劉邦＝漢高祖）との抗争のさなかであったので、かれはこれに乗じてオルドスに侵入し、白羊《バヤン》・楼煩《ロウハン》の二王が占拠する地を併せ、さきに父頭曼のとき秦軍にうばわれた故地を回復している。冒頓は、のちさらに北方の渾庾《コンユ》・屈射《クッシャ》・丁零《テュルク》・鬲昆《キルギス》・薪犂《シンレイ》など、モンゴリアのオルコン河畔からシベリアのエニセイ河上流域一帯に遊牧するトルコ系の諸部族をも服属して、ここにはじめて北アジア世界に、匈奴部族を盟主とする大遊牧王国を建設することになった。

とくにエニセイ河上流域を占めていたとおもわれる丁零・鬲昆諸部族を征服したことは、この地方にさかえていたシベリア・スキタイ系金属青銅器文化――スキート・サイベリアン文物――が、直接匈奴王国内にとりいれられるようになり、本拠地の綏遠《すいえん》（呼和浩特市）・オルドス地方を中心に金属・青銅器文物、なかでも銅斧《どうふ》・銅鏃《どうぞく》・短剣・小刀子《しょうとうし》・弩機《どき》・甲冑《かっちゅう》などの小形武器類から馬面・くつわ・馬鐸《ばたく》・馬鈴・鉸具《かこ》・飾り板・革金具などの馬具類の製作がさかんになって、匈奴王国の戦力増強に大きな寄与をすることになった。

こうして冒頓単于を君長とする匈奴遊牧王国の出現によって、北アジアにはじめて歴史的世界が成立することになった。匈奴王国は、それ以前のような北アジアにおける分散的な遊牧部族ではなく、単于を権力の頂点とする政治的統一体であった。『史記』が匈奴王国の成立について

冒頓にいたって、匈奴はもっとも強大になり、ことごとく諸部族を服し、南は中国と敵国となる。

といっているのも、冒頓の出現によって、漢帝国に対立する政治的統一体としての匈奴王国が、北アジア世界に成立したことを、司馬遷が歴史的現実として重視していたものと考えられる。

このように『史記』が、匈奴王国を自国に対立する統一的な政治世界として確認するようになったのは、つぎに述べるように、漢の高祖が冒頓に屈辱的な和議を強いられて以来のことである。

❖漢の高祖と冒頓単于

冒頓単于にひきいられた匈奴遊牧王国は、漢の高祖劉邦が、宿敵の項羽をたおして中国を統一した前二〇二年ごろには、すでに漢朝にとって恐るべき強敵となっていた。そこへ、たまたま漢七（前二〇〇）年、かつて高祖の天下統一に大功があった将軍韓信《かんしん》が、高祖との仲たがいから匈奴に投降し、冒頓単于と結んで謀反したので、高祖はみずから大軍（歩兵三二万を越す）をひきいて北上し、平城（山西省大同市）に至ったところ、高祖とその麾下の将兵は、冒頓の精騎によって平城の東方白登山に包囲され、漢軍は内外に分断されてしまった。このときの冒頓の軍略は、『史記』の「匈奴伝」によれば水ぎわ立っている。

　匈奴の騎馬は、西方はことごとく白馬、東方はことごとく青騂馬《せいせいば》（白面の黒馬）、北方はことごとく烏驪《うり》（黒馬）、南方はことごとく騂馬《せいば》（赤黄馬）であった。

という。この表現は少し芝居じみてはいるが、ともかく高祖は、ここで包囲されること七日間、参謀陳平《ちんぺい》の計略で、閼氏《アッシ》（単于夫人）に手厚い贈物をするとともに、間者《しのびもの》をして

　冒頓単于がもし漢地にやってきたならば、漢の美女を愛し、閼氏《あなた》への寵はおとろえてしまうでしょう。

といって閼氏を説得させた。そこで閼氏は単于にむかって

単于よ、いま漢地を手に入れても、あなたはいつまでも漢地に居られるものではありません。かつ漢王にもまた神助があるでしょうから、あなたは、そのこともよくお察しなさって、両国がお互いに苦しめあうことは、おやめになって下さい。

と口説いた。たまたま韓信との連絡がうまくゆかないこともあって、冒頓としては、韓信を疑っていた矢先でもあったので、ついに閼氏のことばに耳をかたむけて、包囲軍の一角を解いた。そこで高祖は、そこから脱出して東軍に合することができた。冒頓もまた兵を引いて去ったので両軍の休戦は成り、やがて和約が結ばれた。

こうして匈奴の実力を身をもって知った高祖は、劉敬を北方へ派遣して、宗室の女を公主として単于に降嫁させ、兄弟の約を結び、さらに、年ごとに匈奴に絮《きぬわた》・繒《きぬ》・酒・米・食物を一定量、幣物《へいもつ》として贈ることを定めて和親のしるしとした（前二〇〇年）。

この和約は、漢がわとしては実質上は、全面降伏にもひとしい屈辱的なものであった。このとき以来漢帝国は、匈奴王国を自国に対立する独立国家として認めざるをえなくなった。いいかえれば、漢人の世界支配者としての自負心は、匈奴族の実力の前にもろくもゆらいで、北アジア世界に君臨した匈奴王国が、自分たち中国に相対立する強大な国家であることを身をもって感じとったわけである。すなわち漢の人たちは、東アジア世界の王者である漢帝国に対して、匈奴という一大国家が、現実に北アジア世界に出現したことを、実力によって知らされたのであった。

こうして中国農耕社会の漢帝国と、北アジア世界の遊牧社会である匈奴王国という相異なる性格をもつ二つの歴史世界が、その後二千余年間にわたって南と北に対立して、中国世界と北アジア世界との歴史発展を大きく特色づけることになった。

❖その後の漢帝国と匈奴との関係

高祖の死後、その子孝恵帝（恵帝）の治世七年間と、呂太后（高祖の皇后）の摂政期の八年間、またつぎの孝文帝（文帝）の治世の初期六年間（前一七九〜前一七四）の約二十二年間は、匈奴では冒頓単于の時代であったから、漢朝に対しては終始驕慢・尊大な態度をとり、両国の間は、表面上和平をよそおってはいるものの、匈奴軍の中国への部分的侵盗はやまなかった。

たとえば、『前漢書』巻九四、「匈奴伝」に収める冒頓が呂太后に送った書状をみても、漢帝国など眼中にないような傍若無人さがよくうかがわれる。このとき勝気の呂太后は、大いに怒って匈奴を討伐しようとしたが、匈奴の実力を知る丞相の陳平や季布《きふ》らは、高祖平城の敗戦を引いて必死に説得したので、太后も思いとどまり、返書して和親をつづけることとした。

孝文帝が立つと、またあらためて両者は和親の盟をかためたが、しかしこの和親の盟も、やがて匈奴の背信によって破れ、両国の関係は再び険悪になった。このとき（孝文帝四年）冒頓単于は、使者をつかわし書を送って和議を提案したが、その書状をみると、さきの呂太后への書簡にもまして尊大をきわめている。しかし、孝文帝はこの提案を許し、前一七四年遣使して返書したので、三度《みたび》両国間の和議が成立することになった。

孝文帝がおくった返書は、たまたまこの年（孝文六年、前一七四）冒頓単于が死んだので、つぎに立った老上単于のもとにおくられたわけであるが、栗原朋信教授によると、孝文帝のこの報書は、一尺一寸の牘《きふだ》（木簡）であったのに対し、匈奴単于のものは一尺二寸の牘で、それに用いられた封印も漢がわのものより、一まわり長大であったといえば、この点からでも匈奴単于の尊大さがわかるであろう。

以上が冒頓単于時代の匈奴と漢との関係のあらましであるが、匈奴では前一七四年に第二代目の老上《ロウジョウ》単于が立つと、孝文帝はまた宗室の女を公主として降嫁し、老上単于の閼氏とした。

このとき宦官の中行説《ちゅうこうえつ》が、公主の傅役《もりやく》として遣わされたが、かれは単于の信任をえて、その左右のものに書記や計数を教えたり、また匈奴の支配層にナショナリズムを鼓吹して、漢帝国への対抗心をかきたてることに努めたという。これについて『史記』の「匈奴伝」には、中行説が単于を教導して

匈奴の人口は少なく、漢の一郡の人口にも相当しません。だのに匈奴が強いのは、衣食が漢人と異《ち》がい、漢から供給をうける必要がないからです。いま単于《あなた》がその匈奴の習慣を廃

止して、漢の物資を好むならば、やがて匈奴はことごとく漢に帰服するでしょう。漢からえた繒絮《きぬもの》を着て草や棘《いばら》が中を走れば、その衣・袴はみな裂け破れるでしょう。繒絮は氈《けおりもの》裘《かわごろも》の完全なのに劣ることをお示しなさるがよい。また漢の食物はみなすて去って、湩酪《ちちチーズ》が便利で美味《おいし》いことをお示しなさるがよい。

といったと伝えている。

　このようであったから、たびかさなる和議も永続せず、孝文十四（前一六六年）には、十四万騎の匈奴軍が河西（甘粛省西部）に侵盗して、多数の人・畜を掠奪している。それ以後毎年のように、かれらは西は河西地区から、東は遼東地方までの北辺全域にわたり侵寇をくりかえして、人・畜を劫掠《ごうりゃく》したのであった。そのため漢がわは、北辺の防衛に努めはしたものの、匈奴軍の侵寇範囲は広域にわたったので、漢軍はそのたびに応戦に苦しみつづけた。

　孝文帝の後元四（前一六〇）年匈奴の老上単于が卒し、第三代目の軍臣《グンシン》単于が立つと、匈奴軍はまたまた和親を絶って、北辺の上郡・雲中郡などに大挙して侵入し、殺掠をほしいままにした（前一五八）が、このたびは、漢がわの防衛体制が厳しかったので、まもなく匈奴侵入軍は引き揚げたという。

　後元七（前一五七）年に、孝文帝（文帝）が没して孝景帝（景帝）が立つと、帝は匈奴との和親に心をくばり、単于に公主を降嫁するとともに、国境の貿易場を開放して、物資を供与したりしたので、孝景帝一代は、境上で多少のトラブルはみられるが、大規模な侵寇はなかった。そして前一四〇年に孝景帝を承けて孝武帝（武帝）が即位すると、漢帝国は国初以来の匈奴に対する屈辱的な和親策を一擲《いってき》し、帝国の威信をかけて一大攻勢に転じることになった。

❖武帝の匈奴経略と張騫の西域行

武帝が即位したころの漢帝国は、文帝、景帝二代にわたって蓄積された国庫は充実しており、高祖の死後呂太后の専権で、しばらくの間がたついていた漢室の権勢も、ようやく強化されてきた。漢帝国の国力が上り拍子なのにひきかえ、そのころ匈奴王国では、第三代軍臣単于の治下で国力は下り坂をたどりつつあった。

武帝は、このような形勢をふまえて宿敵の匈奴に対し、高祖以来の守勢から攻勢に転じるべく、遠大な計画をめぐらすことになった。武帝の匈奴経略の方針は、南正面ではオルドス・陰山方面から、東方は朝鮮半島と満洲方面から、また西方は河西回廊（甘粛省西部）・敦煌および遠く天山山脈方面からというように、東・西・南の三方面から大きく包囲して匈奴を北方に追いつめ、その衰滅をはかることであった。

このために、匈奴の西面にあたる西北モンゴリアのイリ河流域に、大月氏王国を建てていた月氏族が、かねてから匈奴に対し怨念をいだいて報復の機会をうかがっているとの情報——この情報は、後述するように、すでに旧聞のものであったが——を入手していたので、武帝は張《ちょう》騫《けん》をイリ河畔の大月氏国に派遣して、匈奴に対し漢と攻守同盟を締結させようと企図したのであった。建元二（前一三九）年のことで、これが史上張騫の第一次遠征といわれるものである。

なお、この張騫の第一次遠征に関する重要事項を、桑原隲蔵博士「張騫の遠征」（『桑原隲蔵全集』第三巻所収　岩波書店刊）によって左に表示してみよう。

前一三九〜前一二九（建元二〜元光六）匈奴に捕わる（約十年間）
前一二九（または前一二八）大月氏に達す
前一二九〜前一二八（元朔元）大月氏の大夏（トカラ）に滞在（一年余）
前一二八年末　帰国の途につく
前一二七〜前一二六　匈奴に再び捕わる（約一年）
前一二六（元朔三）中ごろ　帰国

張騫はこの第一回だけでなく、前後二回にわたって西域へ遠征したが、なかでも、いまいった建元二年に出発した第一回目の大旅行は、途中匈奴に約十年間（前一三九—前一二九）も捕われたりして、前後十三年の歳月を要した。

ところが、張騫が匈奴に抑留中の前一三三年（?）ごろ、月氏族はイリ地方からすでに西南方遠く中央アジアのソグディアナおよびバクトリア方面に移住して、その地に大月氏遊牧国家を建てて安住し、匈奴に対する報復の念も放棄していたため、前一二九（または前一二八）年ごろ、張騫は大月氏のもとの領国に至ったものの、所期の目的――漢朝との同盟――を達することができなかった。

しかし、かれの旅行で、西域方面の事情も漢朝がわにかなり明らかになり、かつ西域諸国と中国との公の交通も開かれはじめ、珍奇な西域の物産も輸入されるようになって、漢帝国がこの旅行によって、副次的にえた成果は大きかった。

一方、武帝は西使した張騫からの消息が、十三年間もの長い間とだえたため、前一三三（元光二）年の馬邑城《ばゆうじょう》事件――国境近くの馬邑城へ匈奴軍をおびきよせて殲滅《せんめつ》しようとしたが、この作戦は、匈奴の軍臣単于の気転で失敗に終わった――をきっかけに、漢軍だけで匈奴軍攻撃を敢行することを決意した。

以後十余年間――本格的な戦いは、元光六（前一二九）年から元狩四（前一一九）年まで――にわたり、漢・匈奴両軍は、たがいに死闘をくりかえしたが、匈奴にとって不運であったのは、この困難な情勢のさなかの前一二六年（張騫匈奴抑留中）に軍臣単于が死んで、後継者争いがおこったことである。内紛はやがて治まり、弟の伊稚斜《イチシャ》単于（前一二六～一一四）が新しく立ったものの、内紛と漢軍の攻勢をさけて、新単于はついに、冒頓単于以来の根拠地であった、いまの呼和浩特市付近から遠くゴビ沙漠をこえた北方のノイン-ウラ付近（いまのモンゴル国の首都

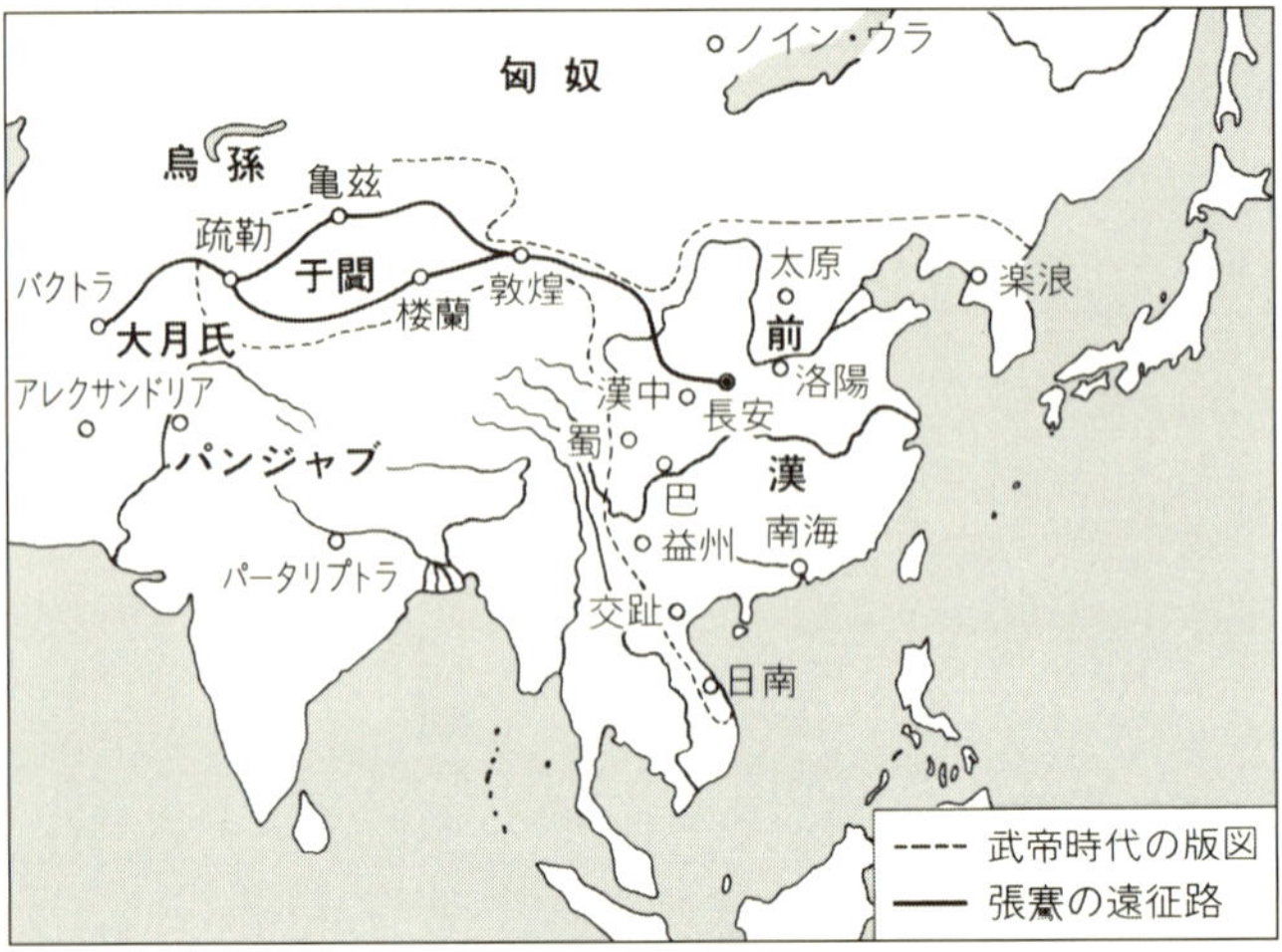

武帝時代の最大版図

ウラン-バートル市の北北西）に本拠地を移すことになった。これに乗じて、武帝は、元朔五、六（前一二五、四）年ごろ、大将軍衛青に命じて匈奴遠征の軍をおこした。

おもうに、張騫が西域の長い旅から帰国したのは、その前年（前一二六）のことであるから、張騫からえた匈奴に関する新しい情報と、この衛青の匈奴遠征とは、なんらかの関係があるものかと考えられる。というのは、張騫はこのとき匈奴討伐軍に従軍して、かれが旅行中にえたモンゴリアの地形や遊牧民に関する経験と知識とをもって、この作戦に貢献して大功をたて、博望侯に封じられているからである。

武帝は前一一九（元狩四）年にも、衛青と驃騎《ひょうき》将軍の霍《かく》去病《きょへい》をして、単于の北モンゴリアの本拠（ノイン-ウラ）を襲撃させて匈奴軍を撃滅したが、こうして漢軍は、いくたびか匈奴軍に打撃を与えて、ついに、かれらのかつての本拠地であった漠南のオルドス・河西の地を回復することができた。

これよりさき武帝は、とりあえず元朔二（前一二七）年以後、オルドスに朔方《さくほう》郡と五原郡とを設置して、その経営にあたらせることにしたが、さらに黄河をへだてて、オルドスの西方につらなる河西地区の経営を敢行するにあたって、必要になってきたのが、烏孫族との関係であった。

ちなみに、はじめ武帝は、イリ地方に遊牧していた烏孫族を、かつて前漢初ごろまでは、かれらの故地であった河西地方によびもどして、これに対匈奴防衛の一翼をになわせるという計画をたてたものの、烏孫族がイリ地方に安住して、河西の故地への帰牧を肯《がえ》んじなかったため、元鼎《げんてい》二（前一一五）年以後は、河西地区を直接に経営すべくさきの朔方郡・五原郡につづいて河西郡（のちの張掖《ちょうえき》郡）と、酒泉郡（のちの武威郡）とを設置したのであった。

❖烏孫族と月氏族

烏孫族については、現在までのところ、その民族的帰属も、その遊牧圏もあまり確かではない。民族としてはトルコ族説が有力であり、白鳥庫吉博士はトルコ族系のキルギス Kirgiz 部族に比定する（「烏孫についての考」『白鳥庫吉全集』第六巻、所収、岩波書店刊）。あるいは一説にはカザック族ともいわれる。烏孫族は、さきにいったように前漢のはじめごろには、甘粛省の河西地方から敦煌地方に遊牧していた部族であった。

『漢書』巻九四、「匈奴伝」によると、烏孫王は孝文帝（前一八〇〜一五七）のころ月氏族のため、その王の難兜靡《ナントウビ》が殺されて国土を失ってしまったというが、その月氏族は、かつては匈奴の西に隣りした強大な遊牧国家で、匈奴の冒頓単于も、若いときこの国に人質となっていたことがある（一一四ページ）。

月氏族はそのころ、いまの甘粛省西部から敦煌地方および天山山脈東端の広い範囲にかけて遊牧していたと思われるが、やがて前一七七年ごろ冒頓単于の遣わした右賢王の軍に大打撃をうけ、一たびは分散のうきめにあい、その余類は天山山脈のかなたイリ河流域にのがれて遊牧したのであった。

こうして強力な月氏族を撃破・駆逐《くちく》して、東西交通路の要衝を占める河西・敦煌地方とタリム盆地のオアシス諸国とを服属させた匈奴は、二代目の老上単于（前一七四—一六二）のとき、月氏族への対策上から、さきに月氏族によって首長を殺され国土を失った烏孫族を援け、烏孫の昆莫猟驕靡《こんばくリョウキョウビ》——昆莫の二字は『漢書』、「西域伝」の顔師古《がんしこ》注には、王号といい、白鳥博士によると、大君《おおぎみ》の意にあたるKeng bagの音写であると——と結んで、またも月氏族を攻め、その王を殺したため、月氏族はイリ地方から三たび移牧して、中央アジアのフェルガーナ盆地をへてソグディアナに侵入し、ここで遊牧生活を営みつつ、旧バクトリア王国の後を領していたスキタイ系の大夏《トカラ》族を臣従させて、大月氏と改名してこの地方に遊牧国家を再建したといわれる。

内田吟風教授によると、それは前一三三年から前一二九年ごろに比定され(「月氏のバクトリア遷移に関する地理的・年代的考証」一九六九年『東洋学術研究』八巻三号)、あたかも張騫の第一次遠征中の出来事である。

❖対匈奴攻守同盟策

月氏族がソグディアナに移牧すると、その故地のイリ地方には烏孫族が移ったが、烏孫遊牧王国は白鳥博士によれば、シル Syr 河上流のナリン Naryn 河流域に比定される赤谷城を根拠地に、西方はチュ Chu 河流域からイリ河上流域およびユルドゥス Yuldus をふくんで、東方はウルムチに接する広大な範囲におよんでいたという。白鳥説に対して、その後松田寿男博士は、烏孫国はシル河上流のナリン河から大ユルドゥス河谷にわたる天山山中にひろがる草原に遊牧するテュルク部族をたばねる盟主であると考証している(『古代天山の歴史地理学的研究』)。

ちなみに、近年天山山脈中から、烏孫族のものとみられる広大なマウンドをもつ墳墓が発見されたと伝えられるが、いずれにしても烏孫遊牧王国は、当時大匈奴王国と東西に隣接していたようである。さきにいった漢の武帝が、新たに領有することになった甘粛省西部の河西地区を、いかに確保すべきかに心をくだいたのは、まさしくこのころであった。張騫が第一次の旅行中、匈奴に抑留されている間に聞知しえた知識は、匈奴と烏孫との関係がしだいに冷却化しつつあるということであろう。そこで張騫は、この情報にもとづいて武帝に、烏孫と漢朝との対匈奴攻守同盟策を締結するよう献議《けんぎ》したところ納れられて、かれは正使として従者三百人、一万頭に達する牛・羊と数千の金・帛《きぬ》とを用意して、元狩二（前一二一）年に、烏孫国におもむくことになった。張騫の第二次遠征である。

　こうして漢軍の匈奴攻撃作戦は、これまでの正北面作戦から河西・西域にわたる西北面作戦へと転換したのであった。

　さて、烏孫の王廷におもむいた張騫は、国王（昆莫）の猟驕靡に多額の財物を贈り、かつ漢室の公主を降嫁さすことも約して、烏孫族を河西地方へ誘致移動させて、漢朝との対匈奴攻守同盟を結ぶよう説得したが、昆莫の猟驕靡は、部族内の不安定な勢力関係と、匈奴の勢威とをはばかって、河西地区へ移住することにも、また漢帝国と同盟を結ぶことにもふみ切ることができなかった。

　ちなみに、烏孫国内の不安定な勢力関係とは、『前漢書』の「西域伝」に

　初め昆莫十余子あり。中子の大禄は彊《つよ》くて将たるの才にも長じ、部衆万余騎を将いて別居していた。大禄の兄の太子が若死したが、死に臨んで父の昆莫に「必ずわが子の軍須靡を

太子とするよう」懇請し、昆莫もその請を納れたので、大禄は怒り、弟たちと謀って岑陬《きんすう》（太子）の軍須靡を攻めようとした。そこで昆莫は孫の軍須靡に万余騎を分与して別居させ、自らも万余騎をもって備えを固めたため、烏孫は三分の形勢となったが、大権はやはり昆莫の猟驕靡の手中にあった。

とあるのをさすものと思うが、これによると、兵三万余騎をもつ烏孫王の実力もほぼ推知でき、かれが、おいそれと漢がわの要請を納れなかったばかりか、漢使の張騫に対しても、尊大な態度をとったのは当然といえよう。

なお張騫は、烏孫国に滞在中、副使を大宛《フェルガナ》をはじめ、康居（カンチュ）、大月氏、安息（パルチア）などの西域諸国に派遣している。『前漢書』巻九六上、「西域伝」上、「安息国」の条に

前漢武帝のとき、使を安息国につかわしたところ厚く歓待され、安息国王もまた、使節を漢朝に派遣して、大鳥（駝鳥《だちょう》?）の卵や犂軒《りけん》（シリア?）の眩人《げん》（マジシャン）を献上した。

とあるのは、このときの副使派遣と答礼使の来献をいったものと思われる。

漢朝と烏孫国との対匈奴攻守同盟は、張騫の遣使のときには成功しなかったが、張騫が元鼎二年に帰国するとき、同行して中国を訪れた烏孫王の使節が、中国の人口の多さや物資の豊富さなどを見聞したり、その後もつづいて使節が来朝したことによって、烏孫王も漢朝の勢威の強大さをあらためて知るにおよんで、ついに武帝に対して公主の降嫁を請い、ここに両者は対

匈奴攻守同盟を結ぶことになった。
さきにいったように（一一一ページ）、このとき和蕃公主として白羽の矢をたてられたのが、武帝の兄にあたる江都王劉建の女《むすめ》細君である。かの女の降嫁は元封年中（前一一〇〜一〇五）のことであった。

❖望郷の歌――「黄鵠の歌」

さて、話を江都公主細君の身の上にもどそう。烏孫王に嫁した細君は、烏孫国では、右夫人（第二夫人）として鄭重《ていちょう》に遇せられた。とはいうものの、烏孫国王（昆莫）の猟驕靡は、齢《よわい》すでに七十余歳の老年であり、そのうえ漢語を解せず、また匈奴国から嫁した女性が左夫人（第一夫人）となって一段上位にいたので、王ともめったに会えないありさまであった。『前漢書』巻九六下「烏孫国」の条には、このような細君の悲愁なさまを叙したのち、かの女自作の詩として、つぎにかかげる八言六句の詩を伝えている。

「黄鵠《こうこく》の歌」

わが家の父母は、はるか天のかなたへわれを嫁がせ、　吾家嫁我兮天一方
遠く異国の烏孫王へわが身を託した。　遠託異国兮烏孫王
烏孫に来てみると、天幕がわが室であり、毛氈《もうせん》が壁である。　穹廬為室兮旃為牆

食物は羊肉で、飲みものは牛や羊の乳である。　以肉為食兮酪為漿

いつも故国をしのんで、わが心は傷む。　居常土思兮心内傷

願わくば黄鵠（おおとり）になって、故郷へ帰りたいものよ。　願為黄鵠兮帰故郷

詩の末句に「願わくば黄鵠《おおとり》になって故里へかえりたい」とあるところから、この詩《うた》を「黄鵠の歌」というが、詩の内容からいえば、むしろ「望郷の歌」という方がふさわしいであろう。

さて烏孫王猟驕靡《リョウキョウビ》は、やがて年老いたとの理由で、細君をかれの孫で、そのころ岑陬《きんすう》の官にあった軍須靡《クンシュビ》に尚《めあわ》そうとしたが、細君は聴かなかった。宗室の女として儒教的教養をうけて育った細君にとっては、義理ある仲とはいえ、孫に再嫁するのは、たえがたい陵辱感《りょうじょくかん》をうけたことであろう。

やむなく老王としては、上書して武帝にかの女の説得を請うたため、武帝は烏孫の国俗に従って再嫁するよう、また宿敵の匈奴をほろぼすには、是非とも烏孫の漢朝への協力が必要であることをあげて説得し、江都公主細君を岑陬の軍須靡に再嫁させたのであった。やがて老王の猟驕靡が死ぬと、軍須靡が代わって王位につき、細君との間に一女の少夫をもうけたといわれる。

こうして、かの女の生涯は、薄幸に終ったものの、その降嫁は決して無意味ではなかった。かの女をかすがいとして、漢朝と烏孫国との攻守同盟は強固になり、匈奴はしばしば漢軍から大打撃をこうむり、やがて南・北匈奴に分裂して、南匈奴はついに漢朝に臣服することになっ

た。いうなれば、漢朝の匈奴王国に対する勝利は、細君の烏孫王への降嫁という犠牲のうえに成ったものといえよう。

軍須靡に再嫁した後の細君には、少夫と呼ぶ一女があったことは前述したとおりであるが、その他についてはわからない。軍須靡は細君が死ぬと、あらためて楚王の戊《ぼ》の孫女解憂が公主として降嫁されたが、解憂公主も、軍須靡の死後は、嗣立した従弟の翁帰靡《オウキビ》に再降嫁して、三男二女の母となったという。これは漢朝では昭帝から宣帝の初期にあたるが、こうして漢朝と烏孫国との婚姻関係は、細君以後もつづけられたのであった。

第二節　匈奴王に嫁いだ王昭君
――その実像と虚像――

❖「悲劇のヒロイン」王昭君

王昭君《おうしょうくん》は、前漢の元帝（前四九～前三三）のとき匈奴王に降嫁した公主であるが、公主とはいっても、烏孫王に嫁した江都公主細君のような宗室の女《むすめ》ではなく、後宮の女官が公主と仮称して嫁《とつ》いだ女性である。

王昭君の匈奴王への降嫁は、さきの江都公主細君よりも、六十年ないし七十年ほど後のことであるが、中国では、この王昭君の降嫁について、その後二、三百年もすぎた三国時代や晋代ごろから、説話や琵琶楽《びわがく》などに悲話的に作曲されるようになり、そののち唐代・宋代と時代が下るにつれて、詩に唱われ、あるいは絵画にも描かれ、さらに雑劇によって戯曲化され、いよいよ悲劇のヒロインとして、人びとの同情をよびおこすようになった。

わが国でも、王昭君の説話や楽曲は、早く平安時代から貴族の間によく知られ、物語や絵語《ことば》

や雅楽曲《ががくきょく》として賞玩《しょうがん》されたようである。たとえば『源氏物語』の「寄木《やどりぎ》」の巻をはじめ、「絵《え》合《あわせ》」の巻にも

長恨歌や王昭君などやうの絵は、おもしろくあはれなれど、事の忌《いみ》あるは、こたみは奉らじといい留め給ふ。

などとみえるように、大宮人《おおみやびと》の間では「長恨歌」なみに知れわたっていたことがわかる。

こうして虚像としての王昭君は、その実像とは大きくかけはなれて、ひとり歩きするようになった。

それでは王昭君の実像なり、またかの女はどのような歴史的事情で、匈奴王に降嫁することになったのか、などについて少し考えてみたい。

(一) 王昭君の実像

❖王昭君の降嫁

王昭君が和蕃公主として、匈奴王に降嫁したいきさつは、『前漢書』巻九四下、「匈奴伝」によれば、元帝の竟寧元（前三三）年に、匈奴王の呼韓邪単于一世が漢廷に再度目の入朝をした

とき、公主を賜って漢家《かんか》の婿《むこ》たらんと懇請したので、元帝は「以二後宮ノ良家子、王嬙《おうしょう》字《あざな》ハ昭君一、賜二単于一」と伝えるのみである。

ところが『前漢書』についで、その後、南朝の宋の范曄《はんよう》（三九八〜四四五）が編纂した『後漢書』巻一一九、「南匈奴伝」によると、『前漢書』のそれよりもやや詳しく、つぎのように伝える。

元帝のとき、良家《か》の子女を選んで後宮に入れたが、たまたま匈奴国王の呼韓邪単于が〔再度目の〕来朝をし〔公主を賜らんことを請う〕た。そこで元帝は、宮女五人を賜う〔ことを約束し〕た。

たまたま王昭君は後宮に入ったが、数年間一度も帝にお目見えできず、悲怨の念《おもい》でいっぱいであった。そこで、後宮の執事に、〔匈奴に〕行かんことを願い出、〔五人の一人に選ばれ〕た。いよいよ呼韓邪単于が帰国するにあたり、お別れの大会を催し、帝は五人の宮女を召見したところ、王昭君の美しく飾った豊かな容貌《かんばせ》は、後宮のなかを光り輝かせ、かの女がかえりみ徘徊《はいかい》すれば、左右の人びとはたじろぎ動いた。帝はみてその美しさに大いに驚き、かの女を後宮に留めおこうとしたが、もしそうすれば、匈奴王の信頼を失うことを心配し、ついに、かの女を匈奴王に与えることとした。（以下後述）

ちなみに、通説では王昭君は斉国《せい》（山東省）の王穰《じょう》の女、名は嬙《しょう》といわれるが、一説によれば、生地は李白や杜甫の詩で知られる揚子江畔の白帝城（四川省奉節県）付近の谷川の一つ香渓に沿うところであると。杜甫も香渓を、「明妃（王昭君）を生長せし尚《な》お村有り」と詩《うた》う。

范曄の『後漢書』は、班固の『前漢書』よりも、その成立は三〇〇年以上――『前漢書』は後漢の章帝、建初七（八二）年に脱稿しているが、范曄の『後漢書』は全巻一二〇のうち、本紀一〇巻と列伝八〇巻とは、范曄自身が編纂したものといわれるから、五世紀前半から半ばにかけて、でき上がったと考えてよかろう――もおくれている。しかし、この『後漢書』以前にも「七家後漢書」などといわれるように、七種ないし八種の後漢書が存在しており、范曄は当然これらを参照し集成したものと考えられる。

王昭君降嫁の事情は、『後漢書』によるかぎり、かの女が、その美貌に自信をもって元帝の後宮に入ったものの、数年間も召見されないままに留められていたため、空閨《くうけい》にたえかねて、みずから進んで匈奴ゆきを志願し、ついにその望みがかなえられたものという。

このように王昭君に関する所伝は、前漢をへて後漢時代にも語りつがれていたのを、范曄はその著『後漢書』にとりいれたのであろう。したがって、それは『前漢書』より加上されて、いく分かは詳しくなってはいるものの、『前漢書』の原型までも変容したとは考えられない。

そこで、王昭君の匈奴降嫁の歴史的背景であるが、これまで匈奴は、冒頓単于以来漢朝に対し常に優位を保ち、強圧的態度をとってきたのに、どうして呼韓邪単于が、元帝のときになって、二度までも漢廷にみずから伺候した上に、公主の降嫁を懇請するまでに落ちぶれてきたのか、について一通り説明しておく必要がある。

❖匈奴の衰微

第一節「烏孫王に嫁いだ細君」の条に説明したように、漢朝に対する匈奴の優位が傾きはじめたのは、漢朝第七代武帝の徹底的な匈奴経略からであった。大将軍衛青および驃騎《ひょうき》将軍霍去《かくきょ》病《へい》らによる、いくたびかの匈奴遠征によって、第五代目匈奴王の伊稚斜《イチシャ》単于（前一二六～一一四）は、ついにオルドス東北（内蒙古自治区呼和浩特《フフホト》市付近）から、その本拠を、遠く沙漠のかなた北モンゴリアのノインｰウラ付近（今のモンゴル国の首都ウランｰバートル市の西北）に移すことになった。

北モンゴリアに移ったのちの約六十年間、匈奴の国内は、不幸にもたびかさなる大風雪にみまわれ、また、それにともなう飢饉《ききん》にもおそわれて、人畜の被害ははかり知れず、家畜の保有数は、最盛時に比べ数十分の一に減じたといわれる。その上に、単于の多くは短命であって、六十年間に八人もの単于が交迭《こうてつ》した。当然のこととして単于の生母や外戚が権勢を握って、支配者層の権力争いがたえなかった。こうして、漠北に移ったのちの匈奴王国は、しだいに国力を消耗し、北アジア遊牧部族に対してはもちろん、西域の都市国家群に対しても、支配力を弱めてしまった。そのため漢軍の攻撃にも力いっぱいの反撃を試みはするものの、そのたびに敗北をかさねた。

一方漢軍も、匈奴が北モンゴリアに移ってからは、戦線が遠くなり、以前のような戦果をあげることができなくなった。たとえば、前九九年には、常勝将軍の名をほしいままにしてきた李陵《りりょう》が敗北して匈奴に降ったり、あるいは前九〇年には、名将李広利《りこうり》が西北遠くウリヤスタイ（新疆ウイグル自治区）付近まで軍を進めながら大敗して全滅し、これまた匈奴軍に投降するなど、あるいはまた蘇武《そぶ》が匈奴に使して、バイカル湖畔に幽囚されたと伝えられるのも、この前後のことである。

ただ匈奴は、こうして国力が衰頽《すいたい》して守勢に立ったとはいっても、河西地方（甘粛省西部地区）の奪回と、西域諸国とをその勢力下におくためには総力をあげている。匈奴にとって、西域諸国からの収奪と、それらの諸国を連ねるシルク‐ロードを通じる東西貿易上の利得や、あるいは隊商たちから徴収する通関税などは、遊牧国家の経済を維持する主要な財源であったから、匈奴王国が漠北に封じこめられ、またその国内が天災におそわれれば、おそわれるほど、かれらは、いよいよ西域諸国の支配と東西交通路の保持とには、死力をつくさざるをえなかった。武帝以後西域の都市国家群の支配をめぐって、匈奴と漢朝とが激しい抗争をつづけたのは、このような事情による。

❖匈奴の分裂と漢朝への帰順

ところが落ち目になると、匈奴国内における派閥抗争はしだいに激しくなり、やがて十三代単于の握衍胊鞮《アクエンクテイ》単于（前六〇～前五八）のとき、単于派と対立する東方諸部長が、前代単于の子稽侯珊《ケイコウサン》を擁立して反旗をひるがえし、前五八年、単于を襲撃して自殺させ、稽侯珊を呼韓邪単于と称し、第十四代単于に推戴《すいたい》した。

このため国内の分裂は決定的になり、混乱に乗じ五人の有力者が、それぞれに自立して単于を称し、互いに抗争することになった。呼韓邪単于の兄の左賢王もまた自立して郅支《シッシ》単于と称した。そのうち五単于はつぎつぎに倒され、最後に呼韓邪と郅支の兄弟が、東西にわかれて対立したが、前五四年、呼韓邪単于は兄の郅支単于に敗れて北モンゴリアのオルコン河畔の本拠地（ノイン-ウラ付近）をうばわれ、南方長城地帯の五原（内蒙古自治区、呼和浩特市付近）に奔って漢朝に帰順した。ときに宣帝の甘露三（前五一）年正月のことである。

このように呼韓邪単于が漢朝に帰順したこと自体が、匈奴王国にとっては未曾有の大事件であったため、単于が帰順すべきか否かについて、匈奴諸部大人のあいだでは、激しい論議がたたかわされたという。

こうして帰順した呼韓邪単于は、漢軍の後援をえて兄の郅支単于を西方に逐《お》いおとし、漠北

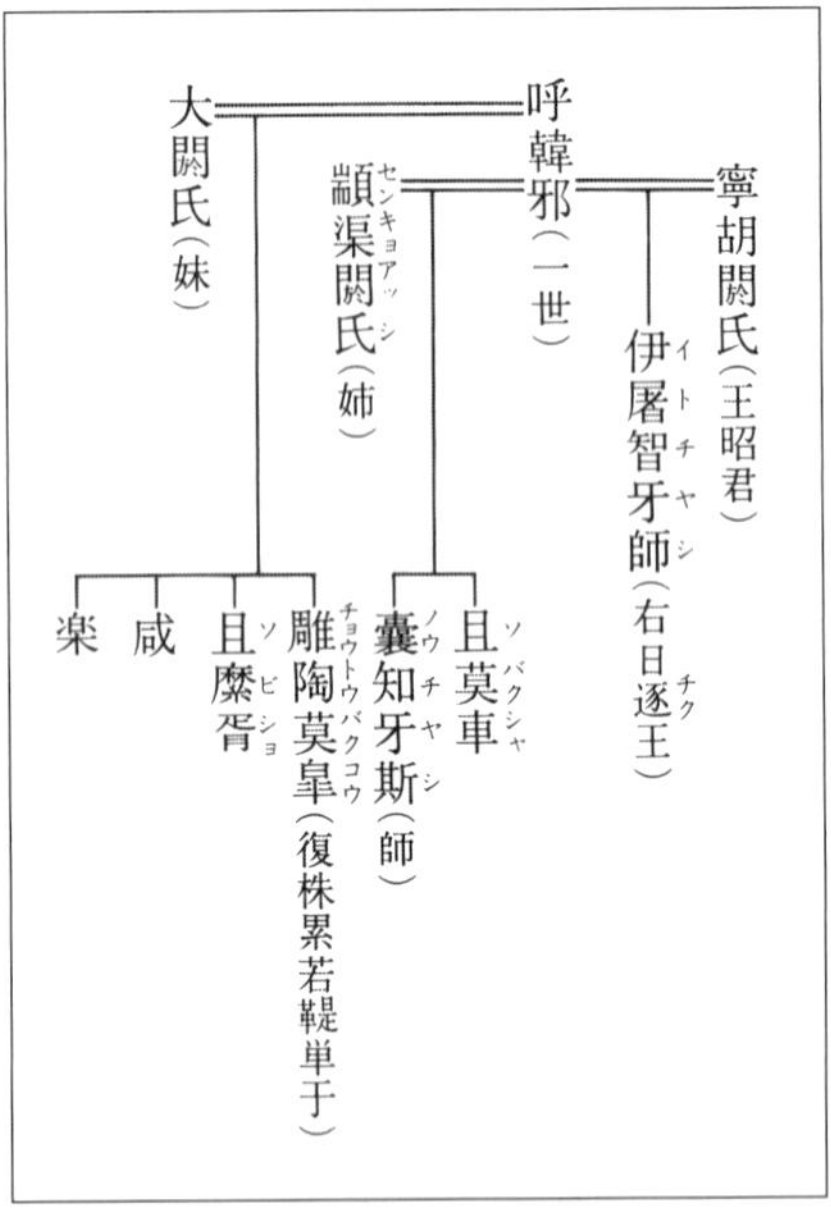

の本拠地ノイン-ウラの王庭に復帰することができはしたものの、そのむかし漢の高祖が冒頓単于に屈服してから約一五〇年にして、両国の関係はここにまったく逆転し、ついに匈奴は漢の軍門に投降することになったのである。

さて降服者として漢廷に入朝した呼韓邪単于は、元帝に請うて王昭君を迎えることができたので、匈奴の王庭における王昭君の待遇は鄭重《ていちょう》をきわめた。かの女は寧胡閼氏《ねいこアッシ》（匈奴を安寧にする妃の意）と称せられ、一男を生んだが、その子は伊屠智牙師《イトチヤシ》といい、右日逐王《うじつちくおう》という宗族諸王にもあたる高位高官を授けられた。

ちなみに、呼韓邪単于には寧胡閼氏の王昭君のほか数人の閼氏があり、これについて『前漢書』巻九四下、「匈奴伝」によって表示すると、上のようである。

その後の王昭君については、『後漢書』の「南匈奴伝」には、さきに引用した一文につづいて成帝の建始二（前三二）年に呼韓邪単于が死ぬと、代わって、その大閼氏の長子が立って、〔復株累若鞮《フクシュルイニャクテイ》〕単于となり、王昭君を閼氏（単于の妃）にしようと欲した。〔これをきらった〕かの女は、成帝に上書して故国に帰らんことを願ったが、成帝は詔して、漢家のために胡俗にしたがい、新単于と再婚するよう諭したので、ついにその閼氏となった。こうして、王昭君は再嫁したのち、新単于との間に二人の女子を成したが、長女は、のちに名族の須卜氏に嫁いで須卜居次《コジ》（公主の意）といい、次女は高官の当于（官名）某に嫁いで当于居次といった。

といえば、王昭君は嫁して三年目の建始二年に、そのころ在位すでに二十八年間におよんだ呼韓邪単于が死んで、若い未亡人となったので、いまいったように、かの女は上書して帰国の許可を願いでたが、成帝――そのとき元帝はすでに歿していた――に諭され、ついに匈奴の風習にしたがい、新単于と再婚することになった。良家の子女として儒教的教養を身につけた王昭君にとって、義理ある仲とはいえ、わが子にあたるものに嫁ぐことは堪えがたい陵辱を感じたであろうし、これが、かの女を悲劇の女性として、後世の人びとの同情と共感とをよびおこさせた点でもあったろうか。

おもうに、王昭君の人となりをみると、かの女は元帝の後宮にあって、長い間召見されないままに過した欲求不満から、みずから匈奴行きを申し出るなど、その容貌に強い自負心をもつ勝気な女性ではなかったか。そのような人となりの女性であったとすれば、匈奴に降嫁した当座は、寧胡閼氏を賜って匈奴王国最高の女性の一人として遇せられ、またその一子は、最高官の一人として右日逐王に任じられていることを思えば、むしろ得意な一刻《ひととき》であったであろう。

さらに再婚後も、ときには心中ひそかに堪えがたい思いに涙することはあったかも知れないが、表面上は漢室の威光を背に、二人の子女もそれぞれ高位の官人にめあわすなどして、波瀾《はらん》少ない平和な生涯を送ったもののように思われる。すくなくとも前・後両漢書によるかぎりでは、かく考えるのが常識であろう。

ではどうして、このような王昭君の実像に対して、三世紀ごろから王昭君を悲劇的な運命の主人公《ヒロイン》とする説話とか詩話や戯曲が生まれるようになったのであろうか。

(二) 王昭君の虚像

❖王昭君悲話の誕生

王昭君に関する悲話があらわれはじめるのは、晋の石崇《せきすう》(二四九～三〇〇)の『王明君辞《おうみんくんじ》』や同じく葛洪《かっこう》(二八三～三六三)の『西京雑記』などからではないかと思う。だから王昭君に関する両漢書の記載を実像とすれば、これらは王昭君の虚像といってもよいであろう。

もともと説話や戯曲は、明人《みんひと》の謝肇淛《しゃちょうせい》も『五雑俎《ござつそ》』の中で「小説や戯曲は、虚実相半ばするようにすべきだ」などといい、またわが近松門左衛門も「芸というものは、実と虚との皮膜《ひばく》の間にあるもの」とかいうように、虚・実おりまぜて、作品化されるものだと考えねばなるまい。

さて、石崇と葛洪とは晋人《しんひと》とはいっても、石崇は西晋時代の人であり、葛洪は石崇より三十年あまり後輩で、西晋に生まれはしたものの、壮年期は晋室が五胡族をはじめ多種の異民族の華北への乱入をさけて江南へ落ちてゆき、社会の上でも政治の上でも、もっとも変転・変容の激しい時代にあたっている。

いま石崇の『王明君辞』をみると、これはつぎに引用するように、琵琶曲として作曲された五言詩で、多分に戯曲的である。この楽詞は『文選《もんぜん》』巻二七「楽府」の条とか、あるいは宋の郭茂倩《かくもせん》の編した『楽府《がふ》詩集』第二九などに収められており、題名の王明君とは、晋の文帝司馬昭の諱《いみな》の昭をさけて、王昭君の昭を明と改めたものである。この『王明君辞』は内容上前段・後段の二段から成っている。前段にあたる部分は、つぎのように、王昭君が匈奴王の呼韓邪単于に嫁《とつ》いだところまでを唱う。

われはもと漢朝の生まれ　　我本漢家子
いまや匈奴の王庭に嫁ごうとしている。　　将適単于庭

いとまごいも終わらないのに　辞決未及終
はや前駆《さきがけ》の供のものは旌旗《せいき》をかかげる。　前駆已抗旌
下僕や御者たちは別離の涕《なみだ》を流し　僕御涕流離
わが乗る馬車の馬も悲しみ鳴く　轅馬悲且鳴
あふれる涙は、冠の朱ひもを霑《ぬ》らす。　泣涙霑珠纓
出発して日をかさね遠ざかり行くほどに　行行日已遠
ついに匈奴の王庭《みやこ》へついた。　遂造匈奴城
単于廷の帳幕に招じ入れられ　廷我於穹廬
（寧胡）閼氏《アツシ》の名を賜った。　加我閼氏名
しかし異族の中では心安んじるはずもなく　殊類非行安
高貴の身分を与えられても栄誉とも思えない。　雖貴非行栄

ここまでは、かの女が呼韓邪単于に嫁したのち、寧胡閼氏の名を賜って厚遇されたことを唱ったものである。そしてまた後段には、呼韓邪単于の死後における、かの女の心情をつぎのように唱う。

父と義子とにわが身を辱しめられ（義子と再婚したことをいう）　父子見陵辱
これを慙《は》じ且つあきれる。　対之慙且驚

しかし身を殺すことは良《まこと》に容易でないので
黙黙として苟《かりそめ》の生をつづけるが
かりそめの生に、どうして心は安んじようぞ。
積る思いに常に憤《いきどお》りはあふれる。
願わくば空飛ぶ鴻《おおとり》の翼をかりて
はるかのかなたへ飛んでかえりたいものよ。
だのに飛ぶ鴻は、わが身のことなど顧みてはくれない。
ひとり佇《たたず》んで不安にとざされる。
かつては匣《はこ》の中の玉のように遇されたのに
いまは土の上の花びらのよう。
朝咲く華の身は歓《よろこ》ばれもせず
秋草とともに枯れゆくままに甘んじよう。
後の世の人びとに語り伝えてほしい
遠く異境に嫁いだものの心情は堪えがたいことを。

殺身良不易
默默以苟生
苟生亦何聊
積思常憤盈
願仮飛鴻翼
乗之以遐征
飛鴻不我顧
佇立以屏営
昔為匣中玉
今為糞土英
朝華不足歓
甘与秋草扜
伝語後世人
遠嫁難為情

この詩をよむと、心ならずも義子の新単于に再嫁したかの女のやるせなさと、それゆえに、いや増す故土への思慕の情と、異境に空しく枯れゆくわが身の嘆きとが、こもごも唱いこまれていて、人びとの涙をそそらずにはおかないものがある。

つぎに、石崇にややおくれた葛洪の『西京雑記』第二には、王昭君について、つぎのような説話が収められている。

元帝の後宮には宮女が多くて、帝はその一人びとりを召見することができないので、画工にかの女らの容貌や形姿を描かせ、その画像をみて召幸していた。そこで宮女たちは、じぶんを少しでも美しく描いてもらうよう、みな画工に五万―十万と賄賂《わいろ》をおくった。ひとり牆《しょう》（字は昭君）だけは、賄賂をおくることをしなかったので、〔醜婦に描かれて〕帝に見《まみ》えることができなかった。

そのうちに匈奴〔王〕が入朝し、美女を求めて閼氏（単于の妃）にしたいと請うたので、帝は宮女たちの画像をみて〔醜《みにく》い〕王昭君に白羽の矢を立てた。ところが帝がいざ昭君を召見してみると、その美貌は後宮第一等であり、対応や挙止も雅《みやび》やかであったため、帝は〔かの女を匈奴に送ることを〕ひどく後悔したが、すでに後宮の名簿から、かの女の名は抜かれており、かつ外国〔匈奴〕への信義を重んじて、変更することをしなかった。

そこで事の次第を究明させたところ、画工たちが〔賄賂を受けて〕真実の肖像を描かなかったことが判明したので、毛延寿らの画工をみな死刑〔棄死《きし》〕に処し、またその巨万の家財も没収した。

さきにいった前・後両漢書にみえる王昭君の匈奴降嫁のいきさつでは、王昭君がはたして『後漢書』にいうような、元帝の後宮を傾けるほどの美貌の持ち主であったとすれば、かの女はなぜ数年間も、元帝の目にとまらなかったのか、という疑いも、この『西京雑記』によれば、どうやら、つじつまが合うようである。しかし『後漢書』では、王昭君みずからが匈奴降嫁を志願したとあるのに対し、『西京雑記』では、王昭君は黄金に目のない宮廷画工たちの欲心の犠牲になって、その容貌を醜く描かれたため和蕃公主に選ばれ、心ならずも匈奴に降嫁させられたようにいう。それはひどくかの女に同情的であるが、おそらく葛洪が、当時の人びとの語り伝えを、筆にしたためであろう。

❖王昭君悲話の大衆化と背景

以上『西京雑記』や『王明君辞』などを通じてみると、三国・晋代ごろの人びとは、王昭君を毛延寿ら宮廷画工の黄金に目のない欲心のために、漢家の犠牲となって匈奴へ嫁ぎ、また勅命のままに義子への再婚を強いられて、数奇《さっき》な運命のもとに、異境でかりそめの生を終えた悲劇の女性として、いたく同情の涙をそそいだように思われる。そして両晋から南朝の宋・斉をへて梁朝の天監年中（五〇二～五二〇）には、王昭君悲話を主題とする作曲が、つぎつぎに出て楽府に採り入れられている。

たとえば、前掲の『楽府詩集』（『四部叢刊』所収）第五九「琴曲歌辞」には、王昭君の心情を唱った「昭君怨《しょうくんのなげき》」と題した四言二十四句より成る歌辞をのせるが、これには王昭君が遠く匈奴の王庭にあって、かつての漢廷での後宮生活を追懐しつつ、わが身の悲運を嘆いた心情が描かれている。

盛んに茂った秋の樹も　　秋木萋萋《せいせい》
葉はしぼみ黄ばみはじめる。　　其葉萎黄
一羽の鳥が（王昭君みずからにたとえる）山に居て　　有鳥処山
桑の根に巣をつくる。　　集于苞桑
羽と毛をはぐくみ　　養育毛羽
輝くばかりの容《かたち》に育つ。　　形容生光
やがて雲にのぼる力をえて　　既得升雲
天上の殿舎にあそぶ。　　上遊曲房
その離宮はあまりに広く　　離宮絶曠
このからだは疲れはて　　身体推蔵
心は暗くふさぎこみ　　志念抑沈
鳴けもせねば飛べもせず。　　不得頡頏

すえ膳はあたえられても　雖得委食
心はいつもうつろである。　心有徊徨
私ひとりだけがどうして　我独伊何
異なる運命《さだめ》をうけ　改往変常
つばめのように飛んで　翩翩之鷰
はるかえびすの地へ行くのか。　遠集西羌
高い山はそびえ立ち　高山峩峩
河の水はひろびろと流れゆく。　河水泱泱
父上よ　母上よ　父兮母兮
道のりはあまりにもはるかに。　道里悠長
ああ！　かなしいかな　嗚乎哀哉
ふさぐ心は痛み傷つく。　憂心側傷

この歌辞は『楽府詩集』では、王嬙（王昭君）自作の詩というが、あてにならない。おそらく、何人《なんびと》かの仮托であろう。やがて唐代になると、李白や白居易らの詩にも唱われ、あるいは閻立本《えんりゅうほん》のような画人によっても画かれ、さらに宋、元代に雑劇が盛行すると、「漢宮秋」（馬致遠作）などの題名で戯曲化されて、いよいよ大衆化した。

ちなみに、王昭君が絵画の主題となって、いまにのこるものは数少ないが、その一例としては、大阪市立美術館蔵の宮素然《きゅうそねん》筆「明妃出塞図巻」がある。

この図には、いましも長城外の沙地を、朔風をおかして進む明妃王昭君の一団が描かれている。いうまでもなく、主題は衣帯を寒風になびかせる馬上の明妃と、同じく馬上に琵琶をいだいて従う侍女で、その前後に三群より成る胡人の従者が配されており、王昭君を画題とする作品中の白眉といわれる。本図巻については、故田中豊蔵教授の『中国美術の研究』に詳しい紹介と考証がある。参照されるがよい。


さて、それでは、どうして三世紀の晋代ごろから、このような、あたかも悲しみと苦悩と不幸せとを、一身にあつめた女性としての王昭君像が、つくられはじめたのであろうか。

おもうに、後漢末から三国・両晋・南北朝時代の三百数十年間にわたって、五胡民族のたえまない侵入におびえ、悩まされつづけてきた中国社会の不安・混乱、あるいは、それにともなう漢人たちの遊牧騎馬民族に対する異常な恐怖心、さらにはまた、かれらに劫去《ごうきょ》される多くの婦女子を目のあたりにみるにつけ、そのような悲惨な経験が、王昭君という、かつて匈奴に嫁《とつ》いでいったといわれる一女性に托して、語りつがれたのではあるまいか。

これについて、たとえば、後漢末の騒乱に乗じて侵入してきた南匈奴、左賢王の部隊に掠め去られた蔡文姫《さいぶんき》の自作と伝えられる五言詩「悲憤の詩」をよめば、その巧みな文学表現を通じ、地獄絵さながらのかの女の悲惨な体験が、切実な叫びとなって読者の胸をうつであろう（第四節「蔡文姫、都に帰る」史話の条参照）。

❖〝青塚〟伝説

最後に、民間に語り伝えられてきた数多くの王昭君悲話の一つを紹介しておこう。それは、内蒙古自治区の呼和浩特市郊外の南約十三、四キロの大黒河畔――この河は黄河の支流の一つで、呼和浩特市の西南方の托克托《トクト》のあたりで黄河に流入する――に位置する青塚《せいちょう》とよばれる摺《すり》鉢《ばち》形をした、巨大な墳丘に因縁づけられる説話である。

それによると、呼韓邪単于の死後王昭君は、その後をついで即位した義子の復株累若鞮単于《フクシュルイジャクテイ》に再嫁することを強いられると、その不倫を悲しみ憤るあまり、天子（成帝）に訴えて帰国が許されるように願ったが納れられず、ついに黄河に身を投じた。かの女の、この節烈の気に天地も感動し、黄河の水もために逆流して、その屍を大黒河に送りかえしたので、土民たちが、これを拾い上げたところ、その顔ばせは恰《あた》かも生けるもののようであった。

そこで人びとは、これを神と敬《うや》まい、大黒河の河畔に塚を築いて葬ることとした。由来この地方には、白草が多く繁茂したが、ひとりこの塚だけには青草が生じたので、これを青塚と名づけたという。この青塚が王昭君を葬った墳丘として伝説化されたのは、相当古くからのこと

王昭君の墓（俗称）

らしく、唐代の語りものとして、かつて敦煌から出土した「明妃伝」にも

墳ノ高サ数尺号二青塚一、還道軍人為メニ立レ名、只今葬在二黄河北一、西南望二見受降城一

とみえる点からも、うかがわれるであろう。

ただし、これによると、唐代ごろの青塚は、いまのような巨大なものでなく数尺の高さにすぎなかったようである。ちなみに、この青塚が王昭君の墳丘であるという確証はない。一四一ページにも述べたように、呼韓邪《コカンヤ》単于一世は兄の郅支《チッシ》単于との抗争に敗れて、一たびは南方に走って、長城地帯の五原に仮りの拠点を設けたものの、やがて漢軍の後援をえて郅支単于を西走させて、漠北のもとの本営（ノインーウラ付近）に帰っている。王昭君が降嫁したのは、漠北の本営であるから、青塚をかの女の墳丘に比定することは、地理上からもつじつまが合わない。やはり一箇の説話とみるべきであろう。

第三節　吐蕃（ティベット）王に嫁いだ文成公主
――唐とティベット王国との関係を背景に

これまでみてきたように、中国の王朝が異民族に公主を降嫁して婚姻関係をとり結んだのは、史書にみるかぎりでは、漢帝国が高祖のとき、北アジアの匈奴国王冒頓《ボクトツ》単于に公主を降嫁したのにはじまる。以後隋・唐時代に至るまで、断続的ではあるが、周辺において強勢を誇った国々、たとえば突厥《チュルク》王国や回鶻《ウイグル》王国などとは、公主の降嫁による通婚が行われるのが常例であった。

唐代になると、北アジア世界の諸部族だけにとどまらず、東西交通路を確保するため、西域の有力都市国家とか、あるいは周辺の異民族国家とも婚姻関係を結んでいる。なかにあって、周辺の少数民族に大きな影響をおよぼしたのは、唐帝国第二代太宗のときの吐蕃（ティベット）国王に対する文成《ぶんせい》公主の降嫁であった。

❖吐蕃王国と吐谷渾

ティベット高原に統一国家がはじめて出現したのは、七世紀初頭のことである。それまでのティベット高原には、多くのティベット語系部族が分散割拠しており、これら諸部族の興亡については確たる史料に乏しく、したがって、これらのものは、わが日本の邪馬台国時代にみるような類ではなかったかと思われる。

それらの分散割拠したティベット系諸部族を打倒して、はじめて統一国家としての吐蕃《とばん》王国を創建したのは、ソンツェン＝ガムポ（漢字訳で棄宗弄讃）である。この王については、中国の史書である新・旧両『唐書』にも、確かな記録が記載されている。

建国王のソンツェン＝ガムポは、伝統ある東南ティベットの貴族の出であったようで、父王のナムリ＝ソンツェンが部下に毒殺されたので、年若く十三歳ごろ父の後を承け、やがて四方の部族をつぎつぎに統合した。かれは史書の『通典』巻一九〇によれば、七世紀初めごろの唐の初頭には、精兵十万を擁するほどの強国を創り上げていたようである。

その吐蕃王国が、唐帝国とトラブルをおこしはじめたのは、ソンツェン＝ガムポが、ココノール（青海）西方の広大なツァイダム盆地（黄河源地帯）に触手をのばすようになったときからで、ここには中国史書に、吐谷渾《とよくこん》——ティベット語でアシャ（漢字訳で阿柴虜）という——とよばれた有力部族が拠っていた。

吐谷渾は、その支配部族が東方モンゴリアに拠《よ》っていた鮮卑族系の慕容氏の分かれであって、その下にはティベット族や同じ語系の羌《きょう》族などの諸部族を従えてツァイダム盆地を根拠に、六世紀なかごろから隆盛になり、北は河西回廊地帯（甘粛省西部）の諸都市国家とも交渉をもち、さらにシルク＝ロードのタリーム盆地南辺にも勢力をのばすとともに、南方では四川盆地から揚子江に沿うて中国の南朝に対しても朝貢貿易を盛んに行っていた。

この吐谷渾国は、隋代の六世紀末ごろから盛期をむかえたが、やがて唐の太宗が西域経略にのり出すと、唐の勢力下において王権の維持に努めたものの、西南方からの吐蕃王ソンツェン＝ガンポの侵圧に抗しかねて、国の政情が不安定になると、吐谷渾国をめぐって唐・吐蕃両者の国際関係は、しだいに緊迫化していった。

❖唐と吐蕃の関係

国際関係とはいっても、これまで唐と吐蕃両者の間には、直接の交渉関係はなかったが、『旧唐書』の「吐蕃伝」（上）には

貞観八（六三四）年、吐蕃王の棄宗弄讃《ソンツェンガムポ》は使節を送って朝貢してきたので、唐の太宗は折り返し馮徳遐《ふうとくか》を使者として遣わし、撫慰《ぶい》させたところ、ソンツェン＝ガムポは大いに悦《よろ》こ

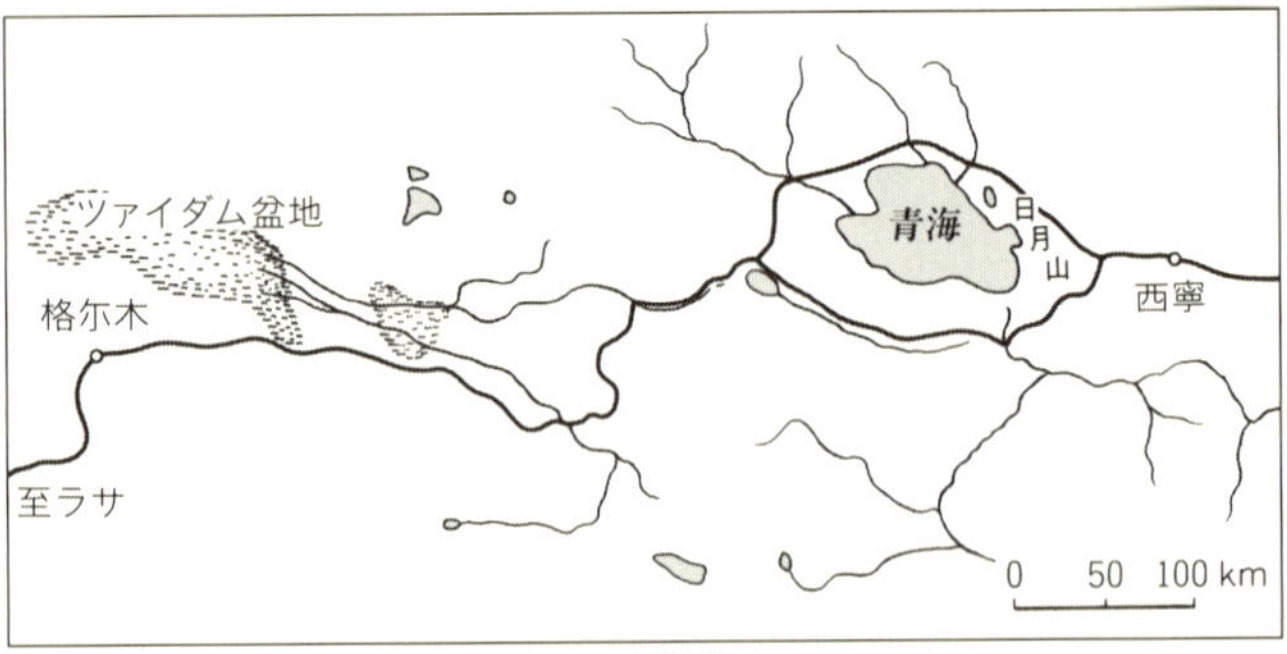

入吐蕃道

んで、徳遐に随って答礼使節を入朝させ、多くの金、宝を奉献して、公主を降嫁されんことをも請うてきた。

という。しかし、このとき太宗はまだ公主の降嫁を許さず、かえって吐谷渾王には、貞観十、十一年ごろ公主の降嫁を約束したのであった。これを知ったソンツェン=ガムポは、面子《ミエンツ》をこわされたことを怒って吐谷渾を攻撃したので、吐谷渾王は敗れて青海の北に逃亡し、その部民や畜牧は、全部吐蕃に掠奪されてしまった。

吐蕃軍はさらに兵を進めて、吐谷渾の勢力下の党項《とうこう》や白蘭《はくらん》などの羌族系諸部族をしたがえ、さらに二十余万の兵をもって、唐の都督の駐屯する松州の西境に迫った。こうしておいて、ソンツェンは再び使節を送り、金・帛《きぬ》を献じて公主の降嫁を迫り、貞観十二年秋には、ついに松州城を攻撃し、都督韓威の先鋒軍を敗ったため、その統制下にあった党項、白蘭などの諸羌族は、挙げて吐蕃に服属してしまった。

ちなみに、これら羌族の多くは、そのころ唐の国都長安（いまの西安）から吐蕃の都ラサへの公道——鄯《ぜん》州（青海省楽都県）西寧から青海湖《ココノール》の東南辺に沿うて、さらに西南に進み、河源地帯の格尔木《ガルム》を経由してラサに至るいまの青蔵公路が、唐代の史書には「入吐蕃道」としてあげられている——に沿うて遊牧していたが、これらの部族の民族系統、その他西寧・格尔木経由の青蔵公路については、佐藤長「唐代の青海・ティベットの民族状況」(『鷹陵史学』一〇号所収)および同氏の『古代チベット史研究』付図第一図を参照されたい。

さて、吐蕃軍のはげしい攻撃によって、一時敗色の濃かった松州城の唐軍も、救援の征討将軍牛進達や侯君集らの尽力によって、ようやく危機を脱し、やがて吐蕃軍も内部の不和から、侵攻軍を引き揚げざるをえなくなり、ソンツェンは更《あらた》めて唐朝に謝罪使を送り、三たび熱心に婚姻を求めたので、太宗もようやく公主降嫁の内諾を与えることになった。喜んだソンツェンは、大論(大臣)のガルトンツェンを使節として、黄金五千両をはじめ、宝物・玩物数百件を結納として献じた。

❖文成公主の降嫁

文成公主が、数ある宗室の公主のうちから、どうして吐蕃への和蕃公主としてえらばれたのかは明らかでないが、かの女がソンツェン＝ガムポに降嫁して入蔵したことについて、比較的詳しく伝えているのは、『旧唐書』巻一四六、「吐蕃伝」(上)である。要訳すると、つぎのようである。

貞観十五（六四一）年、太宗は文成公主を弄讃（ソンツェン）に降嫁させることとし、礼部尚書（外務大臣）江夏王《こうか》の道宗《どうしゅう》に婚儀を司らせ、公主を吐蕃に送らせた。

ソンツェンは部下をひきいて栢海に屯し、黄河の河源の地（吐谷渾国）まで親しく出迎え、大臣の江夏王道宗に会見し恭しく婿《むこ》としての礼を執った。

かれは大国（唐朝）の服飾、儀礼の美々しさに感嘆し、俯し仰いで、おのがみすぼらしさ（粗野さ）を愧《は》じ、おそれる様子であった。

ちなみに、河源の地に親迎した云云について、『新唐書』「吐蕃伝」には、つぎのように、もっと具体的に「館を河源王の国（吐谷渾）に建てさせた」と伝えているが、河源王とは吐谷渾王のことで、ソンツェンは、このとき、さきに服属した吐谷渾の地（ツァイダム盆地）に、新たに館を建てさせて、公主一行を親迎したというのである。

おもうに、これは佐藤長教授もいうように、吐谷渾が完全に吐蕃の勢力下にあったことを唐側に誇示しようとしたのであろう（佐藤長『古代チベット史研究』（上）「文成公主の入蔵」参照）。

こうして、文成公主の降嫁を機に、儀礼・服飾・調度品をはじめ唐朝の文物がしだいに吐蕃の王廷内へ移入されるようになった。また中国仏教のティベットへの流入も、文成公主にはじまるといわれ、ティベットに仏教を将来した文化指導者として、文成公主は、ターラの一化身緑ターラ（Sgrol mo Ijongu）と称して、後世永く敬仰されている。ラサ市のラモチェ廟（小召寺）

はかの女の建立にかかるという。

ちなみに、文成公主の吐蕃への降嫁については、ティベット側の史料である『テプゴン』にも

> タン（唐）タイズン（太宗）の即位九年（貞観八年）に、ティベットの王と贈物を相互におくって親交した。ティベットはシナ王の女を迎えようとしたが与えられず、ティベットは怒って八年ほどの間（唐と）戦を交えた。そして軍がかえったのち――軍をかえしたのちに？――王は〔大論の〕ガルトンツェンに黄金や宝石の類を数多く持参させて、太宗の女ウンシンコンジョ（文成公主）を辛丑の年（貞観十五年）に与えられた。（佐藤長『古代チベット史研究』二七七頁）

とみえるが、この一文は唐側の史書によったものと思われる。ついでに、文成公主の入蔵にまつわる逸話の一節を、つぎに書きそえてみよう。

文成公主が都の長安を出立するとき、かの女は日月の鏡をたずさえてきたが、青海湖に近い山（祁連《きれん》山脈の一峯）の尾根まできたとき、遙か遠い行く手に、ふるさとの空を懐《なつ》かしむあまり、懐中の日月鏡を見ようとした。ところが付き添いの吐蕃の家臣どもが、鏡を石にすりかえていたため、かの女はその鏡をすて、望郷の念を断ち切って吐蕃へ向かった。

という。今日この日月山麓には、文成公主廟が建っている。この伝えはフィクションであると

しても、異境に旅立つ文成公主の悲しい心根を、よく物語っているといえるであろう。

今日、甘粛省第一の都市である蘭州《らんしゅう》の西二百数十キロに位置する青海省の省都西寧《せいねい》市は、二百万ちかい人口を擁する都市であるが、その西寧市の、さらに西方五十〜六十キロをへだてるあたりに日月山脈が北北西から南南東へ長くそびえる。その頂きは高さ三千七百メートル余りを計るが、この日月山の名は、前記の文成公主の日月鏡に由来すると伝えられている。

日月山脈は、農耕の漢文明と牧畜遊牧のティベット語系羌族文明とを限る境界線であり、その東山麓は、古来中国の茶とティベット系羌族の馬とを交易する茶馬貿易市場であった。おそらく、文成公主は湟水に沿うて今日の西寧市、格尓木市などをへてティベットへ向かったのであろう。

さて、唐室から文成公主を降嫁されたソンツェン＝ガムポは、その喜びをあらわすべく、公主のために、わざわざ一城を築いて住まわせた、と『旧唐書』の「吐蕃伝」にはいう。前引（一六〇ページ）の一文につづいて

ソンツェンは公主とともに帰国してから、親しい者たちに語るよう「わが父祖たちは、まだ上国（唐朝）と通婚した者はいない。自分は、いま大唐の公主をもらい受けて、たいへん幸せなことである。そこで公主のために一城を築いて、後々までの誇りとしよう」といって、城邑を造営し宮殿を建てて、公主を住まわせた。

と伝えている。この一事をみても、ソンツェンが文成公主の降嫁をいかに喜び、またそのことを吐蕃の人々に誇示することによって、国王としての権威を高め、かれの権力の安定に資しようとしたかがうかがわれる。

第四節　「蔡文姫、都《みやこ》に帰る」史話

❖胡騎に劫め去られた蔡文姫

　これまでみた細君、王昭君、文成公主の三題は、いわゆる和蕃公主に関する史話であるが、この第四題目の「蔡文姫《さいぶんき》、都に帰る」史話は、和蕃公主のそれとは少しちがって、中原に侵入した辺境異民族に劫去《ごうきょ》された良家の一子女の悲惨な物語である。

　和蕃公主のような事例は、中国史上数多いが、そのような政略結婚による外交折衝では、平和は長つづきせず、周辺とくに北アジア世界や西北辺境からの異民族の侵入、侵略戦争は、歴代の王朝にわたって絶えずつづく。そして、そのたびにおびただしい人・畜・財・物が劫去される。そのうち、人といっても多くは婦女子であったろうが、みな歴史のかなたに消え去ってしまって実態はわからない。

　しかし、それらのなかで、ひとり表題の蔡文姫は、みずからの悲運な境涯《きょうがい》を、かの女のすぐれた才筆に託して、五言の長詩「胡笳《こか》十八拍《ぱく》」に書きのこしており、それが正史の『後漢書』中に収載されたため、後世の人びとに語りつがれ、また「文姫帰レ漢ニ図」（ボストン美術館蔵なり、台湾故宮博物館蔵）とか「胡笳十八拍」画巻（南京博物館蔵）などとして画巻にも描かれ、あるいは、近くは郭沫若《かくまつじゃく》によって五幕の歴史劇「蔡文姫」としても上演されている。

❖蔡文姫について

蔡文姫は名を琰《えん》、字を文姫といい、河南省陳留《ちんりゅう》（開封東南の杞県）の人で、後漢後半期の知名の学者で、班昭を援《たす》けて『漢書』の続修にも従った一人であり、また詩人としても知られた蔡邕《さいよう》（一三三～一九二）の女として生まれた。

陳留は潁川《えいかわ》、南陽とともに後漢時代には学問の一中心であったので、かの女の処女《むすめ》時代は、好きな学問にはげみ、また音楽をたしなむなど、幸せな生活を送っていた。そのため女の身ながらも、父の学問をうけついで博識高才のほまれ高く、父はかの女の才能を賞《め》でて、こよなく愛したという。

蔡文姫が音楽にも堪能《たんのう》であったことについては、つぎのような逸話からも知られよう。

ある夜、父の邕が琴を弾じていたところ、とつぜん絃がきれた。隣室で聴いていた文姫は、たちまち、それが第二の絃であることを言いあてたので、父は、まぐれあたりであろうと思い、娘の耳をためす意味で、わざと一絃を切って、第何絃かをたずねたところ、かの女は言下に第四の絃であると答えたため、邕はその音感の正確さに舌をまいた。という。かの女はやがて、河東郡（山西省）の衛仲道《えいちゅうどう》に嫁したが、ほどなく夫に死別した。不幸はこの時からはじまった。

かの女は、たまたま子に恵まれなかったので、衛家を去って実家に帰ってきたところ、世は後漢の末、当時の中央政界は、外戚の専権と宦官《かんがん》の跋扈《ばっこ》とで紊乱《びんらん》をきわめたため、世情は騒然たるものがあった。

『後漢書』巻一一四、烈女伝、「董紀《とうき》の妻」（蔡文姫）の条には、実家に帰っているうち、献帝《けんてい》の興平中（一九四〜一九五）に胡騎に劫《かす》め去られて南匈奴の左賢王の夫人となり、胡中に留まること十二年、二子を生んだ。

と簡単に伝えるにすぎないが、かの女が、どうして南匈奴に連れ去られて十二年間も留まらねばならなかったかについて、以下、後漢末の複雑な政情をまじえつつ、その歴史的背景を述べてみよう。

❖後漢末の政治の乱れ

後漢帝国の紀綱の乱れは、すでに第四代の和帝時代（八八〜一〇五）からはじまるといえる。

というのは、和帝以後第十二代の霊帝までは、八歳から十五歳の幼帝が多く、中には生後わずかに百余日とか、二歳という天子もあった。そのため政権は外戚の手にうつり、やがて外戚に代わって、宦官が跋扈するようになった。

こうして、内外にわたる宦官の専横・不法に対して、気節ある一部の官僚グループは、峻烈な弾劾・攻撃を行ったため、宦官は対抗上、気節の士を政界から廃除すべく、執《とら》えて郷里に終身禁錮《きんこ》することとした。いわゆる「党錮《とうこ》の禁」または「党錮の獄」である。

党錮の獄は、霊帝（一六八～一八八）のとき再びおこされたが、二度目の獄は徹底的であって、党人の名のもとに、あるいは殺されたり流されたり、あるいはまた、廃禁されたものは六、七百人の多数をかぞえ、気節の士は、ほとんど官界から根絶されてしまい、いよいよ宦官の専横はきわまった。

❖黄巾の乱と軍閥の混戦

このような政界のありさまに対して、一般社会でも、前漢の中期以後あらわになった豪族の大土地所有は、いよいよ深刻化し、自作農民はしだいに土地を失って小作民や奴婢《ぬひ》の身分に転落したり、一部のものは、流民となって都市に流出し、無頼《ぶらい》の徒《と》やルンペンに成り下がって、社会の腐敗と秩序の乱れに拍車をかけていった。

こうした社会的不安を背景に、一八四年黄巾《こうきん》の乱が勃発した。この反乱の舞台は、山東・河北・河南から揚子江流域にまでおよぶ広範なもので、三十六万の農民がたちあがったといわれる。黄巾の賊乱は、やがて鎮定され、また驕横《きょうおう》にふるまった二千人にあまる宦官も、司隷校尉（首都防衛司令官）の袁紹《えんしょう》によって尽《ことごと》く殺されてしまった。

黄巾の乱はいちおう平定され、宦官もまた袁紹によって誅滅《ちゅうめつ》されたものの、しかしそのあと出て来たのは、軍閥による混戦であった。いわゆる「後門《こうもん》の虎」というところである。

これよりさき、宦官討滅のため外戚の大将軍何進《かしん》によって招集された地方軍団の一人である并《へい》州の牧《ぼく》（山西省中・北部の長官）董卓《とうたく》は都の洛陽に入京してくると、一八九年クーデタによって天子の擁立を行い、かれが擁立した献帝を奉じて政権をにぎり、また麾下の羌《きょう》族（ティベット族）を主体とする傭兵部隊も暴虐のかぎりをつくした。

そこで一九〇年正月を期して、袁紹らは各州・郡の長官や太守をかたらって義兵を挙げ、洛陽へと進撃した。のちの三国時代の魏《ぎ》を興した曹操《そうそう》も、これら義軍の一部将であった。

この形勢をみて董卓は、同年二月、献帝を擁して都を洛陽から西の長安（いまの西安市）に遷したが、かれは義軍が洛陽をめざすときくや、直ちに東にとって返し、各地で烏合の同盟義軍を破り、翌年四月、再び長安に引き揚げた。このとき蔡文姫は、人びとともに董卓麾下の羌族傭兵部隊に劫去されて長安に連れ去られたのであった。

❖悲憤の詩

このときの悲惨な体験を、かの女は「悲憤の詩（胡笳十八拍）」と題した五言の詩の前段に、つぎのように唱う。

漢末に朝廷の威信が失われ
董卓が天の秩序を乱し
帝位を簒奪《さんだつ》し、弑虐《しいぎゃく》を図る。
さきに賢臣良士たちを殺害し
むりやりに都を（長安に）遷《うつ》して
天子を擁し、おのが力をかためようとした。
そこで、義兵が国内各地に興り
協力して賊（董卓）を伐《う》たんとした。
これをみて、董卓の軍は東に引き返してきた。
金色の甲《かぶと》は日光に耀《かがや》く。
わが中土の兵（義軍）は弱く
敵兵は、みな胡族・羌族部隊であるため強く

漢季失権柄
董卓乱天常
志欲図簒弑
先害諸賢良
逼迫遷旧邦
擁主以自彊
海内興義師
欲共対不祥
卓衆来東下
金甲耀日光
中土人脆弱
来兵皆胡羌

野をかすめ、城邑《まち》を囲み
かれらの向かうところみな破亡さる。
斬り殺されて残るものとてなく
屍《かばね》はうず高く重なり合う。
馬のわき腹には、斬り殺した男の頭《こうべ》を懸け
馬の尻には婦女を載せ
長駆して西の函谷関《かんこくかん》へと向かう。
めぐる路は、はるけくも険しく
ふりかえれば、遠くかすんでいる。
はらわたは、にえくりかえる思い
奪われるものは数しれず
人びとは、集《つど》うこともならず。
身内のものが、顔をあわせても
語りあうこともかなわず。
少しでも敵の意をそこなえば
たちまち「くたばれ、この捕虜め

猟野囲城邑
所向悉破亡
斬截無子遺
屍骸相牚拒
馬辺懸男頭
馬後載婦女
長駆西入関
迴路険且阻
還顧邈冥冥
肝脾為爛腐
所略有万計
不得令氏聚
或有骨肉倶
欲言不敢語
失意機微間
輒此斃降虜

いまに、この刃をお見舞申すぞ、　要当以亭刃
お前らを活かしておくものか」と。　我曹不活汝
この命なんぞ惜しかろうぞ　豈復惜性命
〔ただ〕罵しられるのが口惜しい。　不堪其詈罵
あるときは鞭打たれて　或鞭加棰枝
痛さと恨みを、ぐっと飲み下し　毒痛参并下
朝になれば、号泣しながら歩き　旦則号泣行
夜になれば、悲しみにうめき坐す。　夜則悲吟坐
死のうとしても、死にきれず　欲死不能得
生きようにも、あてはなし。　欲生無一可
ああ民草よ、何の罪ゆえに　後蒼者何辜
この災いに遭うのか。　乃遭此危禍

以上、五言長詩四十句のうち、はじめの「擁レ主（献帝）以自彊」までの六句は、董卓の長安への強制的遷都をいい、つぎの「屍骸相撐拒」までの十句は、董卓軍が長安から引き返して、関東に蜂起した義軍を破亡したことを唱い、後段の二十四句は、無辜《むこ》の人びとまでも劫去して函谷関をこえ、新都長安へ引き揚げる胡族部隊の、われら捕虜に対する残忍きわまる仕打ちを、

目のあたりにしての描写である。その生生しさは、文学的表現を超えて、鬼気せまる地獄絵図といえるであろう。

さて、長安に遷都したのちも、董卓はいよいよ専横をほしいままにしたが、初平二（一九一）年、司徒の王允《おういん》の謀略にかかって非命に斃《たお》れたので、関中は無秩序の混乱状態に陥り、やがて洛陽に脱出した献帝は、建安元（一九六）年曹操に庇護《ひ》されることになった。

蔡文姫も、この騒乱にまきこまれたが、たまたま南匈奴の左賢王の部隊によって、再び劫め去られたのであった。おもうに、かの女のかさなる悲惨な俘囚《ふしゅう》としての体験が、この「悲憤の詩」の切実な叫びとなったのであろう。

ちなみに、蔡文姫が南匈奴部に連れ去られたのは、おそらく、興平年中（一九四〜一九五）のことと推定されるし、この左賢王は、南匈奴単于於扶羅《オフラ》の弟の呼厨泉《コチュウセン》であろう。

❖南匈奴部と後漢帝国との関係

南匈奴部は、どうして中原に乱入してきたのか。これについては、いちおうさかのぼって、南匈奴部と後漢帝国との歴史的関係から説きおこさねばならないが、南匈奴部と後漢帝国との歴史的関係は、拙著、『中国史上の民族移動期――五胡・北魏時代の政治と社会』（昭和六十年創文社刊）において詳述しておいたので、ここでは、簡単に止めたい。

紀元前三世紀の二〇九年に、冒頓単于《ボクトツゼンウ》によって建国された大匈奴遊牧帝国も、やがて百五十余年後の後漢光武帝の建武二二（四六）年に南北に分裂し、そのとき南の長城地帯に遊牧していた八部長らに擁立されて独立した日逐王の比は、祖父呼韓邪《コカンヤ》単于一世の名跡《みょうせき》をついで、呼韓邪単于二世と称した。これが南匈奴単于の初代である。

こうして南匈奴単于は、いまの内蒙古自治区のオルドス東北隅の古城鎮に、本拠を移すことになった。

ちなみに、南匈奴部の人口についてみると、日逐王比が後漢に来投したとき、その指揮下の中核部族であった南匈奴八部の総人口は、四万ないし五万と推定されるが、その後モンゴリア本地の北匈奴部からの投降者も吸収したため、人口は急増して、和帝の永元二（九〇）年ごろには、二十四万ちかくになったといわれる。四十余年で五、六倍にも急増したことになる。

はじめ後漢政府が、南匈奴部の投降を納れて、かれらが長城地帯に遊牧することを容《ゆる》したうらには、かれらをして、北匈奴部の侵寇に対する、北辺の防衛にあたらせるためであった。

こうして後漢政府は、「夷《い》を以て夷を制す」という中国伝統の政策を用いて、国家の安全をはかったのである。

❖南匈奴部の反乱と分裂

しかし南匈奴部は、およそ二世紀間にわたる後漢時代を、終始忠誠であったわけではなかった。もちろん、かれらは、ひたすらに長城内にとどまることをのぞみ、またそのことに感謝していたのであったが、それでも年月がたつにつれ、かれらのなかには、後漢のきびしい監視下で、北辺防衛の傭兵《ようへい》たることに対する欲求不満が、高まってくるのは、自然のなりゆきである。やがて南匈奴部のうちには、後漢に対して反乱を企てるものも出るようになった。

なかでも、最も大規模の反乱は、南匈奴部左部長の吾斯《ごし》の乱であった。吾斯の反乱後は、南匈奴部に対する後漢政府の統制力がゆるんで、両者の関係が、これまでのようにスムーズにはゆかなくなった。このため南匈奴部内でも、単于の権威がすっかり失墜して、その統率力が弱まり、部民のうちには、離反してゴビ沙漠をこえ、北モンゴリアにのがれ去るものも少なくなかった。

このような傾向を、いっそう助長したのは、後漢政府が一八四年に勃発した黄巾の乱の討伐に、南匈奴単于に応援を命じたり、あるいは後漢国内の他の事変にも、南匈奴単于に対して、その部民を援軍として徴兵させたが、たびかさなる徴兵に苦しんだ南匈奴部民たち十余万人は、いっせいに蜂起して、中平五（一八八）年三月には、単于を攻め殺して背き去り、別の部長を南匈奴単于に擁立した。これは南匈奴部民の、後漢政府に対する公然たる反抗の意志表示であった。

三国時代の中国

そこで、これよりさき、後漢のために援軍をひきいて山西省の中・南部に黄巾軍を討伐中であった、さきの南匈奴単于の子の於扶羅《オフラ》は、後漢政府にこの始末を訴え出たが、後漢政府には、もはや南匈奴部に武力干渉して、内紛をしずめるほどの実力はなかったので、部民にそむかれて帰る所を失った於扶羅は、ついに自立して単于を称し、その手兵数千騎をひきいて後漢にそむき去り、そのまま中原に近い河東の平陽（山西省臨汾県）に、留居することになった。

こうして於扶羅単于麾下の南匈奴部主流派は、山西省の中・南部にとどまって、独立政府をたてたのである。このため、従来の南匈奴部は、オルドスに占居するオルドス匈奴部と山西中・南部による於扶羅単于のひきいる南匈奴部（主流派）とに分裂してしまった。

❖帰都の実現

蔡文姫が、さきにいった興平年中（一九四〜一九五）に連れ去られた匈奴部の左賢王の部隊とは、おそらく、この於扶羅単于の南匈奴部主流派であろう。蔡文姫は、この部で左賢王夫人として十二年間を送り、二児の母となったが、かの女はその間の生活を、さきの詩句につづいて、次のように唱う。

処《お》る所は寒冷で霜が多く
春夏には北風が吹き荒れ
翩翩《へんぺん》としてわが衣を吹き上げ
粛粛《しゅくしゅく》としてわが耳に入る。
時に感じて（季節の変わるたびに）父母を念《おも》い
哀しみと歓びは、窮《きわ》まりやむこと無し。
かなたより旅人が来ると
聞くや、いつも歓喜して
迎え入れ、消息《たより》を問うも
かならずしも、わが郷里《ふるさと》のことではない。

処所生霜雪
胡風春夏起
翩翩吹我衣
粛粛入我耳
感時念父母
哀歎無窮已
有客従外来
聞之常歓喜
迎問其消息
輒復非郷里

文姫帰漢図

こうして、いくたびか失望をくりかえしているうち、ある日はからずも、中原から骨肉（親戚）の迎えが来て、帰漢することとなった、という。

　はからずも願いがかない　　邂逅徼時願
　骨肉（身内）の者が迎えに来て　　骨肉来迎己
　わが身は（故里に帰るべく）解き放たれた。　　己得自解免

これには、当時中原の実力者曹操の、蔭の力があったのである。

というのは、文姫が南匈奴中にあった十二年間（一九四、五年〜二〇六、七年ごろ）に、曹操は長安から脱出してきた献帝を奉じて、二〇二年にはライバルの袁紹を仆《たお》し、さらに、つぎつぎと群雄を破って、しだいに勢力を固めつつあった。かれが事実上華北の統一者となったのは、二一〇（建安十五）年であったが、この曹操が、陳留時代に文姫の父蔡邕と親しい間柄であったので、郷友の邕に世嗣のないことをいたみ、使者を左賢王の許に派し、金・璧《へき》（黄金や宝玉）と引きかえに、文姫を連れもどすことになったのである。

❖母子別離の情

こうして文姫は解放されて中原に帰れることになりはしたものの、かの女には、左賢王との間に生まれた両児がいた。「悲憤の詩」には引きつづいて

いまや、わが児たちを棄てて去らねばならない。
親子の心のつながりは、
別れて再び会うあても、ないことを念うと、
言うべきことばもない。
児たちは、わが首を抱いて
どこに行くのかとねだる。
〔付《つ》き人たちは〕母上は遠くへ行かれねばならない
そして還って来られることはあるまいと。
母《かあ》さまは、いつもやさしかったのに
今日は、どうしてやさしくないの。
わたしは、まだ大人《おとな》ではないのに
当復棄児子
天属綴人心
念別無会期
存亡永乖隔
不忍与之辞
児前抱我頸
問我欲何之
人言母当去
豈復有還時
阿母常仁惻
今何更不慈
我尚未成人

どうして、かまってくれないの。
このさまをみると、わが五臓六腑はつぶれ
わが心は狂わんばかり。
声をあげて泣き、手で抱き頭を撫で
発つまぎわまで、心はためらう。
捕われた同僚たちも
見送りにきて別れを告げ
わらわ独り帰国するのをうらやむ。
泣き叫ぶ声は、わが心をひき裂き
わが乗る馬までも進みかね
車もために、すべり出せぬ。
見送る者みなすすり泣き
路行く人も、こみあげて泣く。
思いを断って出で発ち
道をいそぎ、日をかさねて
はるかに三千里。

奈何不顧思
見此崩五内
恍惚生狂癡
号泣手撫摩
当発復回疑
兼有同時輩
相送告離別
慕我独得帰
哀叫声摧裂
馬為立踟躕
車為不転轍
観者皆歔欷
行路亦嗚咽
去去割情恋
遄征日遐邁
悠悠三千里

いつまた会えることやら。　何時復交会

腹をいためた、わが児を念い　念我出腹子

胸のうちは、千々《ちぢ》にくだける。　匈臆為摧敗

この二十数行の詩句は、愛《いと》しの両児を置いて、帰り去らねばならぬ母子の別離にのぞんでの、かの女の断腸の情を、綿々とつづった一文であるが、筆者の拙ない訳解よりも、読者は原文から、言外にあふれる母親の情愛の深さを、汲みとっていただきたい。

さて、中原に帰りはしたものの、二児を思い嘆く、空蟬《うつせみ》の身のかの女には、幸せはめぐって来ず、その後もつぎつぎと不運に見舞われるが、その後日譚《ごじつたん》は割愛したい。

なお、本Ⅳ編のうち、第三節をのぞく各節に引用したそれぞれの長詩の邦訳には、平凡社刊『中国古典文学大系16』を参照したことを、ことわっておく。

V

政権を握った女性たち

第一節　北魏朝の文明太后

❖文明太后馮氏の出自

北魏《ほくぎ》王朝の盛世期を将来したのは、名目上は第六代孝文帝といわれているが、この帝の治世二十四年間は、実質上では、はじめの十五年間は、帝の義理の祖母にあたる文明《ぶんめい》太后馮《ふう》氏の簾《れん》政《せい》（摂政）期であって、帝の親政は、後期の九年間にすぎない。そこで馮氏の簾政期についてみると、それはスムーズには実現しなかったのである。

文明太后馮氏は、第四代の高宗文成帝《ぶんせいてい》の皇后である。かの女の身上《しんじょう》を洗ってみると、『北史』巻十五、「后妃伝」の文成文明皇后馮氏と、この『北史』を踏襲した『魏書』巻十三、「后妃伝」とによれば、馮后は河北の長楽郡信都（冀県）の人で、北燕王馮氏に縁故をもつといわれる。

かの女の姑《おば》が、第三代世祖太武帝《せいそたいぶてい》の左昭儀（妃の位）として入侍していた関係から、かの女は十四歳で、第四代高宗文成帝の貴人《きじん》（妃の位）として仕え、やがて皇后に立てられた。文成帝が崩じたとき、人びとが号泣する中を、かの女は悲叫して火中に身を投じ、焼身自殺をはかったが、左右のものに助けられたという。事実とすれば、かの女は政治家的資質の反面、多分に芝居気もある女性であったことがわかる。

❖北魏建国期の政情

ひるがえって、ここで簡単に北魏朝の政情についてみると、四世紀はじめから百二十年余りにわたり、華北を舞台とした五胡《ごこ》十六国の混戦時代をうけ、北魏朝は、太祖道武帝、太宗明元《めいげん》帝《てい》、世祖太武帝の三代五、六十年間をかけて、五胡の軍閥諸政権をつぎつぎと打倒して、三九八年ごろには、いちおう華北を統一したものの、それでも第三代目の世祖太武帝の治世には、太平真君六（四四六）年に蓋呉《がいご》の反乱がおこり、それにともなって七年間にわたる仏教の大弾圧があり、つづいて同十一年には、崔浩《さいこう》の一党の誅殺事件がおこるなど多事多難のなかで、翌々年には世祖太武帝が宦官の宗愛《そうあい》によって弑せられ、一時は北魏の国祚も危なかった。その中をきり抜けて、嫡孫の濬《えい》（早死した皇太子晃の長子）が十二歳で即位して、ひとまず事なきをえた。第四代高宗文成帝である。

高宗の在位十四年間（四五二〜四六五）は、『魏書』末尾の史臣評語にも「養レ威布《しき》レ徳、懐二緝中外一」というように、帝の温厚な人柄によって内外が和平であった。

ところが、帝は惜しくも二十六歳の若さで崩じたので、五代目に顕祖《けんそ》献文帝が幼弱の身で即位したが、それに乗じて、山東に騒乱がおこり、内廷では丞相乙渾《おっこん》が権勢をほしいままにして、ついに逆謀《ぎゃくぼう》を企てたという罪科で誅せられるなど、献文帝の治世も決して平和ではなかった。その上に帝自身が四七六年、馮太后の手にかかって非命にたおれるなど、内外の相剋《そうこく》がつづいた。

しかし、世祖太武帝の晩年から献文帝期にかけて、ライバルである江南の宋朝でも、内乱がつづいて末期的症状を呈していたので、南からの侵寇を被ることもなかったのは、北魏朝にとっては幸運であった。

侵寇どころか、南朝からは豪族の帰順者も少なくなく、なかには宗室・貴族の亡命者もかぞえられ、かれら亡命貴族たちの北魏朝の国家体制や社会秩序の整備への貢献度は高かった。

以上みたような建国期七、八十年間の転変の世を承けて、四七一年十歳の幼年で高祖孝文帝が立ったが、義理の祖母にあたる馮太后は、なさぬ仲ながら孫の孝文を撫養した功で、この幼帝を擁して簾政をしき、権力を一手に握ることになった。

❖馮太后の簾政

馮太后の簾政を援けたのは、宿老としては族人の元丕《げんぴ》（東陽王）、穆亮《ぼくりょう》（趙郡王）、源賀（隴西王）、万安国《ばんあんこく》（安城王）をはじめ、漢人の高允《こういん》、高閭《こうりょ》らがあげられ、またブレーンとして活躍したのは、寵臣《ちょうしん》や宦官である。なかでも李沖《りちゅう》は、太后の信任がひとしお厚く、詔勅《しょうちょく》などの公文書は、中書令の高閭とともにその筆になるものが多かったといわれる。

ちなみに、北魏政界における北族系貴族と漢人官僚との力の比重の推移をみると、太祖・太宗時代は、漢人官僚は、その傑《すぐ》れた政治的技術や識見をかわれ、君主の顧問として政治・軍事などの諮問にあずかるにすぎなかった。

それが第三代世祖の統一時代になると、崔浩が信任をえて一時権勢をふるい、北魏政界に漢人官僚の大挙進出を招来したが、たまたま、かれが国史編纂上の筆禍事件をおこしたのをきっかけに、拓跋《タクバツ》貴族の総反撃にあって族誅されたため、その後、漢人官僚たちは逼塞《ひっそく》して、北族系貴族の勢威下に隠忍自重せざるをえなかった。

かれらが再び勢力をもたげはじめたのは、馮太后の簾政期からである。太后簾政期の十五年間は、その巧みな手綱さばきによる北族系貴族と漢人官僚の勢力均衡の時代であり、この意味で、馮太后こそは、中国史上唐朝の則天武后《そくてんぶこう》、清朝の西太后《せいたいごう》にも比べられる女性政治家といえるであろう。

さて、北魏朝は馮太后による簾政がはじまった翌年に太和と改元したが、その名称からしても、世祖の統一以来約四十年、いまや、この王朝の恩威ようやく華北一円に浸透しはじめたことに対する、太后はじめ為政者たちの自信と願望とがうかがえる。

たとえば、太和元年正月の詔冊《しょうさく》には、漢人官僚の協力をよびかけて、次のように

牧民官たちよ、朕《ちん》とともに天下の民を治めよう。それには、民の徭役《ようえき》（納税・夫役）を簡にして、かれらが快よく徭役にしたがうよう、はたらきかけよ。水・陸の地の利を尽くし、農夫は戸外に、婦女は家内の仕事にはげむよう努力せよ。もし軽々しく農民を徴発して農事を妨げることがあれば、身勝手なふるまいとして論断しよう。また人民が、長上の教えに従わず、農桑《のうそう》の業を惰《おこた》れば、罪刑を加えよ。（『魏書』、「高祖紀」上）

という。この詔文は、李沖か高閭らの手になるものであろう。

また農民に対しても、農業生産の向上をはかるための具体策として、丁男《ていだん》には治田四十畝、中男にはその半分の田二十畝の耕作を義務づけるべく、つぎのような詔文も公布されている。

（前略）今、春耕既に興る。人須《すべか》らく業に肆《はげ》むべし。それ在所に勅して、田農を督課せしめよ。牛有る者は常歳よりも精勤し、牛無き者は前年より倍働くように。一夫について制すらく、田を治むること四十畝、中男は二十畝。人をして余力有り、地をして遺利有らしむること無かれ。（『魏書』、「高祖紀」上）

というが、これは主として国家の基盤（根本）である河北・山東・河南の農民たちを対象とし

たものであったと思われる。

なお、ここにいう「人をして余力有り、地をして遺利有らしむること無かれ」とは、後述するように、太和九年発布の均田法の根本精神となり、また丁男の治田四十畝は、均田法の露田四十畝につながるものと考える。

このように、農民対策とともに、内治・外交上の事情から、北魏朝としては、華北統治に全力を傾けるべく、いよいよ北族系官僚と漢人官僚との融和・協調を基本にすえて、つぎつぎと新政策をうち出した。

太和八年六月に発布された内外百官に対する班禄《はんろく》（官俸《かんほう》）制定の詔令は、その具体策の一つであると考える。

❖官俸の制定

官俸の制定については、太祖八年六月に班禄制定の詔令が出され、ついで九月に詔文が下され、内外百官が毎年十月を第一季として、年四度に分けて俸禄を支給されることになったという。ただし、州郡県の地方官の俸禄が定まったのは、翌々十年十一月であった。

この官俸の制定は、高閭の意見を納れたものといわれている。つまり、かれは俸禄の支給こそ、清簾の士・貧汚の官吏を問わず全ての官僚に対し、行政上必ず好い成果をもたらすであろうことを強調したのである。当時はこの意見に対し、中央でも地方でも官吏の間に強い抵抗があったが、反対の意見を押しきったのは馮太后の英断であった。

ちなみに、これまで百官に俸禄が支給されなかったころには、かれら官吏は、その生活の費を民からの礼遺《おくりもの》なり、あるいは自らの営みに頼っていた。岡崎文夫『魏晋南北朝通史』には、模範的地方長官として、『北史』にみえる崔寛《さいかん》の例をあげているので、つぎに引用してみよう。

崔寛が弘農地方を治めたとき、人民を撫納するに巧みであって、あるいは物を施し、あるいは人びとの礼遺をうけ、人びともまた喜んで、かれに物を贈った。弘農地方には漆・蠟《ろう》・竹木が多く、その路は南方に通じ、かれは、これらを往来販売して家産を積蓄したが、而《しか》も百姓はみなこれを楽しんだ。

つまり崔寛は、地方官としての政治を行うとともに、かたわら土産を交易して私財を積んでいたが、地方官が、このような営為をするようでは、統一政治をめざす北魏政権としては困るわけである。

さて官俸の制定によって、官吏の生活はいちおう安定し、これまでいくたびかの戒飭《かいちょく》にもかかわらず、内外官僚の間に横行してきた納賂・贈賄の弊風が、いくぶんは防がれるとともに、漢人官僚の北魏政権への忠誠心が向上することになった。しかしその反面、いざ官俸を支給するとなると、高閭の表文にもいうように、晋末の中原騒乱以来、俸禄の支給は長らく中絶していたので、その財源は当然民からの増税に求められねばならなかった。

『魏書』の「食貨志」、(『北史』の「高祖紀」)には

ここに至って(太和八年)、戸ごとに調は帛《きぬ》三匹、租は粟《あわ》二石九斗を増徴して、官司の俸禄に充《あ》てた。後さらに調外として帛二匹を増したが、それらの綿・絹・絲・麻布などの貢物は、それぞれ各地方で産するものを上納させた。

と伝える。こうして官吏俸禄の財源は、増税によって賄われることになったが、この太和八年の増税は、かなり大はばなものであり、かつ戸ごとに同額であったようである。

ちなみに、俸禄制度のねらいは、高閭のいうように、貪欲な官僚が賄賂を受けて刑罰に手心を加えたり、私情によって国法を枉《ま》げたり、あるいは私欲をほしいままにして私に租調を増徴したりするのを防ぐとともに、清簾な官僚に対しては、生活を保証することが主眼であったので、政府としては、官俸制定ののちは、官吏の贓罪《ぞうざい》には厳罰でのぞみ、帛一匹以上を贓《ぞう》するものは、死罪に処したという。

さて、すでにみたように、北魏朝の税制は、これまで九品を混通《こんつう》(おしなべて)して、戸ごとに割りあてており、やがて世祖のときからは、貧富の差等を勘案した三級制を採用したとしても、それは小民に重く、公平を欠く税法であった。さらに太和八年には、官俸支給の財源を、大はばな増税に求めたので、小民への税負担はますます不均衡になった。

そこで政府としては、早急にも徴税の均等化をはからねばならず、そのためには徴税のよりどころとなる土地所有の公正化・合理化をうち出す必要に迫られることになった。均田法の成立である。

❖均田法について

おもうに、華北では、後漢末から三国・西晋・五胡と二百数十年の長い年月にわたり、政治的社会的混乱がつづいたため、豪族・富強者による大規模な土地・人民の兼併《けんぺい》が顕著に進んで、北魏朝の太和ごろになると、もはや政府としても座視できないありさまであった。このような現状を『魏書』巻五三、「李沖伝」には

豪族や有力者たちは、多くの民を隠冒《いんぼう》しており、たとえば、一戸で三十世帯や五十世帯もかかえこんでいるものがある。

とて、富強者たちが一戸で数十世帯の小作戸を隠冒していることを伝えており、また『魏書』の「食貨志」には、豪強に蔭付《いんぷ》した小作人について、農民が官役をのがれようとして豪族に蔭付しても、その豪族の徴斂《ちょうれん》は、公賦《こうふ》に倍した、といえば、豪族勢力と国家権力との狭間《はざま》にあった農民の困窮は、想像にあまるものが、あったようである。

このような社会的現状の下で、馮太后政権が、華北の統治を本格的に進めてゆくには、統制

ある土地政策を断行して、田租・賦課と課役の均等化による公賦の増収をはからねばならない。そのためには、李安世・李沖らの意図する豪富者の人戸隠冒の摘出と土地兼併の抑制とをめざす均田法の実施こそ、この政権に課せられた国家的要請であって、その成否は、まさしく北魏政権の鼎《かなえ》の軽重を問われるものであった。

こうして、太和九年十月（丁未）に公布されたのが均田法であるが、『魏書』の「高祖紀」にみえる孝文帝の詔文——内実は馮太后の意を承けた——をつぎに要訳してみよう。

（前略）ちかごろ人心がすたれ、豪族や富裕者たちは山沢を兼併しているのに、貧弱者は一廛《りん》の土地すら得る望みがない。地には遺利があっても、民には余財がない。〔そのため〕民は、あるいは畝畔《すこし》の土地すらも、〔手に入れようと〕争って身をほろぼし、あるいはまた、飢饉のため農業をすてている。これでは、天下の太平や百姓の生活安定をえようとしても、どうしてできようか。

そこで、いま使者をつかわして州郡を循行《じゅんこう》させ、地方長官とはかり、全国の田土を民に均《ひと》しく給して、もし死者があれば返還させることにし、農桑を勧課して、富民の本を興したい。

そもそも北魏朝が、太祖以来五胡の諸政権をつぎつぎと打倒して、華北の統一を成就したエネルギーは、かれらの武力であることはいうまでもないが、ほかの五胡政権も武力の点ではさして劣らなかったにもかかわらず、北魏がそれらを打倒しえたのは、やはりその武力を支える経済的基盤となった「計口受田制《けいこうじゅでんせい》」による農業生産力の上昇が、あずかって力があったものと考える。

❖計口受田制と隣保互助策

北魏の「計口受田制」とは、被征服民を俘虜《ふりょ》として、集団的に領内に徙民し、かれらに頭わりに、一定の土地を均給した上で、国家が農具や耕牛などを貸し与えて、農業生産に従事させるしくみである。それはあながち、多くの学者がいうような「周礼《しゅらい》」の井田制を承けたものと考えなくとも、このような単純なしくみは、北族が中国農民を集団的に徙民するにあたり、当然発想しうるものと考える方が歴史的現実であろう。

北魏朝は、はじめこの計口受田策を、代国（山西省）において実施し、世祖のころから、これらの地域を対象に、隣保《りんぽ》（隣組み）ごとの互助耕作によって、耕牛や耕具の不足を補いつつ、農業生産力の向上増進をはかろうとする試みを励行してきた。世祖の延和元（四三二）年に、監国の恭宗《きょうそう》（世祖の長子）が発布した制令によると、その隣保互助耕作のしくみがよくわかる。

畿内の民は耕作にあたっては、牛のないものは耕牛をもっているものから借りて耕種せよ。そのさい、借り方は、報償として二十二畝を耕作するごとに、耕牛を貸与したものに七畝分の田の草をとって（芸田）あげねばならない。

なお、丁男のいない小（小供）・老の家で耕牛のないものは、七畝を種田するごとに、二畝分を耕牛の貸与者のために芸田（除草）しなければならない。云々（『魏書』、「世祖紀」下）

これをみると、恭宗の制令の精神は、はじめ徒民されて一律に頭わりに土地を支給されて開拓を強制された人びとも、年月の経過につれて、各戸の間に、しだいに富強貧弱の差が生じてきたので、いささかでも、この差別を補いつつ、農業生産力を高めようとするにあった、と考える。

いうなれば、この隣保互助策は、計口受田策のもつ、頭わり的土地配分策の欠陥を、それなりに補完しようとした、しくみであるといえる。

こうして、畿内（代国）を中心に実施されてきた計口受田的土地政策、またその補完策としての隣保互助政策、および、すでに太宗以来歴代政府が努力をかさねてきた地方政治刷新のための河北・山東・河南各地への査察使派遣などによって、世祖の中・末年ごろからは、農村の秩序も徐々に回復のきざしをみせはじめている。太延元（四三五）年十二月（甲申）、世祖の詔に

（前略）これまで他郷に避難したり、亡匿《ぼうとく》・流寓《りゅうぐう》している人びとは、今日以後、本籍地に帰還させよ。部落内の殺傷事件は、牧守が公平に裁決して、私報することは許さない。一

族隣伍が、私報するものを助ければ誅罰《ちゅうばつ》を加えよ。

また州・郡・県は、みだりに吏卒《りそつ》を遣わして、民を煩擾《はんじょう》してはならない。もし徴税・徴発があれば、知県は郷邑の三老を集めて、民の財富に応じて賦課を適正に定め、富強者に軽く、貧弱者に重くするようなことがあってはならない。（『魏書』、「世祖紀」上）

とみえるが、これによっても、世祖の中・末年ごろから、華北農村の秩序もしだいに回復し、隣保の組織も整いはじめたことをうかがわせる。

そして農村社会の秩序回復に応じ、はじめ代国内で実験してきた協同体的互助耕作による農業振興策も、しだいに全国的規模に推し進められたようで、そのことは献文帝が院政中の延興三（四七三）年二月（癸丑）に発せられた詔に

牧・守・令・長は、勤めて百姓を率い、農時を失わしめてはならない。同じ郡内の貧富は相通じ、家に二匹以上の牛が有れば、無い者に借すように。（『魏書』、「高祖紀」上）

とみえる一文などからも、推知されるであろう。

❖北魏均田制の評価

さて、太和九年十月公布の均田法は、これまで概観したような、華北農村社会の現実をふまえて勘案し、公布されたものであろうが、このとき北魏朝の為政者、なかでも均田法令発布の

推進者であったと伝えられる李沖・李安世らの発想の現実的よりどころとなったのは、建国期以来長年にわたり、代国において実施し大きな成果をおさめてきた計口受田的土地政策であった。であればこそ、太后や北族高官たちをも説得できたものと思う。

しかし、この計口受田策が、代国で成果をあげたからといっても、さきにみたように、当時広大な土地・山沢を私有して、多くの奴婢や小作人をかかえこんでいる望族（名家）や大姓の跋扈《ばっこ》する河北・山東・河南などの地に、この土地公有政策を、そのまま導入することは、いたずらに望族・大姓の反発・抵抗を招くばかりでなく、自作・小作農民までも巻きこんで、社会的混乱と人心の不安を招来するおそれがある。

いま、『魏書』の「食貨志」にみえる太和均田法の内容を検討すると、これらの点に関し、北魏朝の為政者たちも、慎重な配慮を払っていることがわかる。それは大要つぎの三つにしぼられるであろう。

(1)一般農民への配慮　男夫に露田四十畝、婦人に二十畝のほか、世襲的私有地として桑田二十畝を世襲田として公認——諸桑田皆為二世業一、身終ルモ不レ還、恒《つね》徒二見口一——したのは、自・小作農民への配慮である。

(2)大土地所有者への配慮　(イ)奴婢・耕牛に対する給田——良民と同じく奴は露田四十畝、婢は二十畝、丁牛は四牛まで一頭につき四十畝を受ける——は多くの奴婢をかかえる大土地所有者への配慮であるが、しかしそのうちには、寛《ゆる》やかにせよ大土地の所有制限と、公賦の増収への意図が蔵されていることを見のがしてはならない。

㋺刺史《しし》・太守以下の宰民官《さいみんかん》に対しては、俸禄のほか、前代の西晋朝の官吏給田（限田）法を斟酌《しんしゃく》した上で、多くは貴族・望族（名家）に出自するかれらの土地所有を、その職階に応じて、上は刺史の十五頃《けい》――一頃は百畝――から、下は郡丞の六頃にいたるまで容認している。

豪族・大姓に出身して、大土地所有者でもあった大方《おおかた》の官僚にとっては、この職田の制は、所有田の最高額を定めた限田法にほかならなかったであろうが、しかし職田のほか、私有の奴婢・耕牛への給田を考慮すれば、かれらの土地所有の大半は保有しえたであろう。

こうして北魏朝としては、大土地所有者ならびに官僚に対し、できうるかぎり配慮することによって、その支持・協力を得て、華北の経済的安定と社会秩序とを回復し、統治の完遂をめざしたのであろう。

(3)福祉政策的配慮　老小癃《りゅう》残者へ夫田の半分を給し、また寡婦への授田、それに対する免課などの特典は、今日の福祉政策である。なお、この福祉については、同じ『魏書』の「食貨志」の「三長制」の条には、

民の年八十已上《いじょう》のものは、その一子は役《えき》に従わずともよい。孤独・癃老《りゅうろう》・貧窮にして自ら生活することのできないものは、三長内にて迭《こもごも》之を養食せしむ。

といい添えているが、当時としては、かなりゆきとどいた孤独老人や篤疾《とくしつ》・貧窮者への配慮といえる。

以下のようにみてくると、均田法は、北魏朝が太祖・太宗以来、代国内（畿内）で実施してきた土地公有にもとづく計口受田的土地配分法をふまえた上、当時の華北における土地私有の実態をも勘案しながら、かなりの弾力性をもって立案された土地政策である。

さらにいうなれば、太和の均田法は、当時華北の現実であった大土地所有の趨勢《すうせい》に、公権力をもって歯止めをかけ、代わって土地公有を建てまえとする計口受田的土地政策を、強力に推し進めようとした土地革命であり、また農業の生産革新でもあったといえる。

❖再編・整備された隣保組織「三長制」

均田法と表裏の関係にあるのが、三長《さんちょう》の制である。

北魏朝が、太和九年に均田法を公布したのは、ただ土地を一般農民の男夫・婦人に均配分するとか、大土地所有者には奴婢・耕牛にまで給田することによって、制限つきで大土地私有を容認するとか、あるいは宰民官――その多くは望族・大姓の出身者であろうが――には、職階に応じて、多額の土地の所有を認めるとか、だけではなかった。

むしろ太和九年十月の詔文にもあるように、「民に余力なく、地に遺利なからしめん」として、できるだけ生産を高め、公賦の増収をはかるのが目的であったから、生産性を高めるため、当時放置されていた多くの空閑地や無主田を、土地なき民に均等にわりつけて開墾させたり、また豪強の大土地所有者にかかえこまれた小作人や奴・婢や隠冒の民にも給田することによって、かれらを戸籍面にのぼして、税・役賦課《えきふか》の対象にしたのであった。

ところが、均田法が所期の成果をあげ、賦税制を確立するためには、そのうらづけとして、旧来の隣保組織――たとえば『魏書』、「世祖紀」にみえる三老郷邑《ごうゆう》制のような――を再編・整備して、公権力をそこまで浸透さす必要がある。この再編・整備された隣保組織を、「三長の制」とか「党里の制」とか称したのである。

三長制の制定は、「高祖本紀」に「太和十年二月甲戌、初立二党・里・隣三長一、定二戸籍一」というように、太和十年二月のことであり、この三長制の詳しいしくみについては、『魏書』の「食貨志」につぎのようにいう。

十年、給事中李沖上言すらく、宜しく古に準《したが》い、五家ごとに一隣長を立て、五隣ごとに一里長を立て、五里ごとに一党長を立つべし。その長には、郷人の強謹なる者を取れ。〔課役は〕隣長は、一夫分を、里長は、二夫分を、党長は、三夫分をのぞく。のぞくものは征戍《せいじゅ》（国境警護の役）ものぞく。余は民の若《ごと》し。云云

これによると、三長制は、後述するように、古い周代の制（『周礼』（周代）の制）に準じて、

各部落・村落を隣（五家）・里（五隣）・党（五里）の三段階にわけ、それぞれ組長（隣長・里長・党長）を設けて組内を統制させた。そのため各組長には郷邑の謹直な有力者をあて、それらを優遇する意味で、課役は、隣長には一夫分の征戍を免除し、里長には二夫分を、党長には三夫分をそれぞれ免じた。そして組長たること三年間無過失であれば、一等級のぼすという。

ちなみに、李沖の上言に「宜準《シク》レ古」とは『周礼《しゅれい》』にいう「六郷《りくきょう》・六遂《りくすい》の制」をさしたもので、こういうことによって、李沖は『周礼』にヒントをえたみずからの考えを権威づけようとしたのであろう。いいかえれば、国家は、これを通じて土地・人民を豪強の兼併・隠冒からとり返すことが、できるのである。このことを、もっとも明快に述べているのは、李沖の上言を嘉納した馮太后の、つぎのような言であろう。

三長の制が行われれば、賦課に常準が立つとともに、これまで富強の家に蔭付した人戸も、明るみに出てくるし、はたらかないで富をえようとする連中も、いなくなるだろうから、どうして悪かろうぞ。（『魏書』巻四一、「李沖伝」）

とあるように、一つには、賦税制度を確立して、これまで国の賦課を富強者は巧みにのがれ、貧弱者に重いしわよせがかかって、ややもすれば、民に怨念をおこさせがちであるのを適正化できる。二つには、豪戸・大姓にかかえこまれた小作人や隠戸を、国家の手にとり返すこともできる。

こうして北魏朝は、三長制の実施によって、農民の流亡・逃散《ちょうさん》や豪戸・大姓への蔭付をくいとめることができ、税・役の負担も、いちおう適正化できて、その統治力をより深く村落共同体内部にまで浸透させてゆくようになった。

❖三長制の実施

もともと北魏時代のように、土地に余分があり、荒蕪《こうぶ》・未墾の地が多いばあいには、国家としては、当然土地よりもむしろ農民を、しっかりつかむことに努力がそそがれたはずであるから、北魏政権としては、富強者・大姓者の手から、蔭付の人戸をとり返すのが緊要であったと思う。その意味で、三長制のような隣保のしくみの組織化こそ急務であった。

しかし、三長制が実施されるにいたるまでの、いきさつをみると、決してスムーズには、はこばなかった。『魏書』の「食貨志」にも、「豪富併兼者、尤弗《ザル》レ願也」とみえるように、利害の相反する豪戸・官僚がわからは、強い抵抗がでた。

具体的にいえば、太后の前で、李沖の上言が論議されたとき、寵臣である秘書令高祐や中書令鄭義《ていぎ》や著作郎傅思《ふし》益らは、強く反対しているが（『魏書』、李沖伝や『資治通鑑』巻一三六参照）、かれらは、地主層を代弁する人たちであった。

さきに引用した三長制に関する李沖の上言にも、「旧無二三長一、惟立二宗主・督護一云々」というように、三長制施行以前には、旧来の隣保の制はあったにしても、宗主が郷曲に武断し、かれらが官僚層と結びついていたわけであるから、三長制の施行は、かれらにとって、もっとも願わしからざるものであった。ともかく、曲折はへたものの、三長の制は、馮太后が李沖の上言を嘉納したことによって、太和十年二月に、孝文帝の詔が発布され実施のはこびになったのである。

三長制の実施によって、隣保の組織が再編・強化されると、『魏書』の「高祖本紀」の太和十一年十月甲戌の詔文に

郷飲の礼がすたれれば、則ち長幼の順序が乱れる。孟冬《もうとう》十月は、民はひまな時である。宜しくこの時に、徳義を以て民を導くように、諸州に下知するがよい。党里の内、賢にして長なる者を推し、その里人に、父は慈、子は孝、兄は友、弟は順、夫は和、妻は柔であるように教えよ。長の教えに率《したが》わない者は、名を具して聞せよ。

とみえるように、政府は早くも、この党里の組織を通じて、農村社会の秩序回復や教化に努めているのがわかる。

❖三長制施行の時期

さて、つぎに三長制施行の時期については、『魏書』の「食貨志」は太和十年といい、より

詳しくは、「高祖本紀」に「太和十年二月甲戌、初立㆓党・里・隣三長㆒、定㆓民戸籍㆒」というように、均田法が発布された翌年の二月のことで、うたがいの余地がないようであるが、『魏書』、巻五三、「李孝伯伝」に収められた李安世の孝文帝（馮太后）への上疏《じょうそ》をみると、つぎのような一文がある。

　つらつら州郡の民をみますと、かつて饉飢のために、土地をはなれて流移し、田宅を棄売して異郷にさまようこと数世にわたるものがいます。すでに三長の制が立ったので、かれらは、始めて旧居に返ってみますと、家屋敷は荒れはて、周りに植えた桑や楡《にれ》木も改植されている。云々

問題になるのは、この上疏中にいう「三長既立」と、最後の「高祖深納之、後均田之制起㆓於此㆒矣」との二句である。

これによるかぎりでは、三長の制は、太和九年十月の均田法公布にさきだって実施されていたように解される。このような均田法公布と三長制施行の年時上のずれに関しては、これまでにも学者の間に種々の論説がかわされてきた。

これらの論説については、煩雑にわたるので、一つ一つ列記することは省くが、いずれの所論も、三長制の施行が、均田法の公布に先行すべきであるとの見解に立って、両者の年時的矛盾を解決しようとしている。しかし均田法の公布が『魏書』の「高祖本紀」にいうように、三

長制の実施に先行したとしても、許されない矛盾だとも考えられない。いわんや、前者の公布が太和九年十月、後者の実施が十年二月であるため、両者の年時上のずれは、四ヵ月にすぎないから、さして問題とするには当たらないように思われる。

というのは、ただに年時的に前後接近しているというばかりではない。三長制を施行するためには、なによりも農村における秩序の回復、田土の整備が必要であり、それには、流民や逃散者を本貫《ほんがん》（本籍）に召還して定着させなければならない。流民・逃散者を本籍地にもどして定着さすには、かれらにまず土地を頒給《はんきゅう》してやらねばならない。この意味では、土地給付のための均田法の公布こそ先行さすべきではなかろうか。かくしてのち、三長の制を布いて賦課の公平をはかったのだと解してもよいであろう。

こうして、均田法にもとづいて土地を配給され、また三長制による隣・里・党の三段の組織も成立し、租・調の税額も定まり、それをふまえて、百官の俸禄も規定され、ここに北魏朝の統治体制も整って、黄金期をむかえることになった。

以上、馮太后の簾政期を通じてみると、いわゆる孝文帝三十年の治世のうち、この馮太后時代の十五年間こそ、もっとも実りの多い重要な時期であると思われる。

❖仏教の復興―文明太后の崇仏

最後に、馮太后の文化的功績としてあげなければならないのは、雲崗石窟《うんこうせっくつ》に象徴される仏教の復興隆昌である。

北魏朝第三代の世祖太武帝と崔浩《さいこう》とによって強行された廃仏毀釈《はいぶつきしゃく》運動の後をうけて、高宗文成帝が立つと、復仏の詔が発布されて、これまで民間に息をひそめていた仏教徒の熱烈な復仏運動がおこった。

このときの復仏の詔文に「諸州県に命じ、衆の居る所に一仏寺をそれぞれ建立することを許し、その費用は制限を加えない。云云」とある。わが国の国分寺のようなものとみればよい。そして、これを仏教教団のセンターとして、これらの仏教教団を統督するものとして、中央に道人統――のちに沙門統を設けた。雲崗石窟は、第二代沙門統の曇曜《どんよう》の総指揮の下に、最初五大窟が北魏朝の霊所として開窟されたものである。この沙門統の曇曜を、強力に支えたのは文成帝であっただろうが、それとともに、皇后馮氏の篤い帰依を見のがすことはできない。

曇曜が、初代のカシュミール沙門師賢をついで第二代の沙門統となったのは、文成帝の和平初（四六〇）年であって、以来献文帝をへて、孝文帝の太和時代――太和のいつ退いたかは明らかでない――まで三代二十余年間にわたったといわれるが、北魏仏教の隆昌期は、曇曜の沙

雲崗石窟寺院の石仏

門統時代であり、雲崗石窟の造営も、この期に盛んに行われている。それは、この期二十余年間を通じて——文成帝は曇曜が沙門統に任じられて六年目に崩じた——蔭の権力者、実力者であった文明太后馮氏の篤い庇護の賜物であることを、われわれは改めて知るのである。

第二節　唐朝の則天武后

則天武后《そくてんぶこう》は、三千年にもおよぶ中国の歴史を通じて、ただ一人の女帝であるといえば、並《なみ》の女性でないことは誰れにもわかるであろう。かの女こそ、たぐいまれな才気と美貌とを兼備した上に、幸運な星のもとに生まれた女性であったといえよう。

歴史上、后妃か太后の身で、天子に代わって簾政《れんせい》（摂政）を布《し》いた女性は、さきにもとりあげた漢朝の建国主高祖の皇后呂氏《りょし》、北魏朝孝文帝の祖母の文明太后馮氏《ふうし》、あるいは後述する、清朝の光緒帝の伯母にあたる西太后《せいたいごう》などが挙げられるであろうが、正真正銘の女帝といえば、中国では則天武后ただ一人である。

❖皇后の座をねらう武照儀の執念

則天武后は武照《ぶしょう》とよばれるが、武は姓であるから、照というのが本名であろう。かの女は十四歳の若さで、唐朝の名君第二代太宗、李世民《りせいみん》に召し出されたが、後宮の数多い女官のなかで

太宗李世民

も、美人のほまれが高かったといわれる。容色ばかりでなく、頭も人一倍よく、いわゆる才色兼備の女性というと聞こえはよいが、史書には、かの女を評して「巧慧《こうけい》にして権数多し」（油断も隙《すき》もならない女）というように、巧智に長《た》けた女性であったらしい。

貞観二十三（六四九）年に太宗が死ぬと、太宗との間に子供を生まなかった多くの妃たちは、咸業寺という寺に入れられ、得度して尼僧《にそう》になったが、すでに二十七歳の女盛りになっていた武照も、その一人であった。

太宗を嗣《つ》いで即位した高宗治《ち》（六四九～六八三）が、たまたま先帝の忌日に、この寺を訪れると、多くの尼僧らにまじって、さめざめと泣く武照のあで姿が、高宗の目に留まり――『資治通鑑』には、高宗は父帝太宗の在世中から武照を見そめていたという――ついにかの女は、還俗《げんぞく》して再び後宮に入ることになった。高宗は武照より四つ年下であった。

すぐれて美しい容色であったといわれる武照が、得度して白い頭巾に包まれた姿は、清楚《せいそ》なうちに嬌《なま》めかしさがあり、いっそう高宗の目をひいたことであろう。この話は少しできすぎのようにも思われるが、だとすれば、このときの武照の涙は、一滴千金にも値したのかも知れない。

こうして武照は、再び入内《じゅだい》すると、もちまえの才気を煥発《かんぱつ》して、それまで高宗皇帝の寵愛を一人占めにしていた粛淑妃《しょうしゅくひ》に代わって、君寵《くんちょう》を一身にあつめるようになった。これには、かねてから粛淑妃の君寵をねたましく思っていた、皇后王氏の蔭《うら》からの推挙もあったようである。

ところが、武照は入内して四、五年たつと、たちまち皇后につぐ四妃《ひ》（貴妃・淑妃・徳妃・賢妃）の下位の、「九嬪《ひん》」中の第一位にあたる昭儀《しょうぎ》の地位をえた。やがてかの女は、永徽二（六五一）年高宗との間に男児李弘《りこう》を生み、幸運にもその子が皇太子の位についた。ちなみに、皇太子李弘は、上元二（六七五）年二十四歳で没している。

武昭儀は翌年、さらに一女子を生んだが、あくまでも皇后位をねらわんとするかの女は、つぎには王皇后を邪魔視して、恩義ある王皇后を陥れようとたくらみ、この赤ん坊を、みずからの手で扼殺《やくさつ》して、その罪を王皇后に着せ、高宗に泣いて訴えたため、ついに王皇后は子女のないこともあって、粛淑妃とともに廃され庶人となった。永徽六（六五五）年のことである。権力の座を射止めるためには、恩義もあるいは人倫にもそむいて、わが乳児すらも扼殺するという、飽くことを知らない武昭儀の執念がうかがわれる。

ちなみに、王皇后を陥れた武昭儀の奸策《かんさく》については、『資治通鑑』（巻一九九、唐紀一五、「高宗紀」、永徽五年の条）が簡明に述べているから参照されたい。ここでは、後宮での女官たちの権勢争奪のすさまじさが、如実に描かれていて興味深い。

こうして、当面のライバルである粛淑妃と王皇后とを庶人に追い落した武昭儀が、さらに望むのは正皇后の座であった。ところが、かの女の野望の前に立ちはだかったのは、長孫無忌《むき》や褚遂良《ちょすいりょう》ら先帝太宗以来の宿老・勲戚たちであった。かれらは武昭儀の立后《りっこう》が、不当であることについて、高宗をはげしく且つ諄諄《じゅんじゅん》と面諭したので、一時は、高宗も耳順《じじゅん》せざるをえなかったが、重臣の一人李勣《りせき》の言に勢をえて、反対派を押しきって、ついに武昭儀を皇后に立てた。王皇后を庶人に格下げした同じ年の永徽六年のことで、このとき、かの女は三十三歳であったという。

❖武后、朝政を独裁する

さて、皇后という最高位をかちえてからの武后は、病弱で気力なく、日日の政務も怠りがちの高宗を、ともすれば無視する所業が多かった。かの女は、粛淑妃と王皇后とを、高宗の知らないところで獄中に幽閉したが、この牢獄は、四方が壁で陽光が入らず、わずかに食事を差し入れるための、小さな穴が開いているだけであった。

高宗はある日、秘かにこの牢獄を訪ね、その惨《むご》さに驚き、哀れんで声をかけたが、このことを聞知した武后は激怒し、王氏と粛氏の両女を、百たたきの杖刑《じょうけい》に処した上、かの女らの手足を斬り落とし、酒がめの中に投げこんで惨殺したのであった。これらの武后の所業については、外山軍治『則天武后』（中公新書）を参照したが、いやはや目をおおい、耳をふさぎたいばかりの凄惨さである。

ちなみに、これについて連想されるのは、漢の高祖の呂后がライバルの戚《せき》夫人に対して行った仕打ちとよく似ており（五五ページ）、両者の所業が、あまりにも酷似していることに、多少の疑念もおこるが、それにしても、権勢に執心する女性の陰湿な残忍さには、背すじにゾッとする冷たさをおぼえる。

さて武后は、さきに述べたように、高宗を正面に立て、重臣たちの反対を押しきって后位に即くと、しだいに露骨に国政に干与するようになった。

かの女の相談相手は、大臣の許敬宗《きょけいそう》と李義府《りぎふ》とであったが、やがてかの女は、さきの立后に反対した重臣たちを、つぎつぎに、遠い四川や広東などの僻地《へきち》に流したり、あるいは口実をつくって死罪に処したりして、ついに高宗の側近から、先帝太宗時代の勲功ある元老たちを消し去ってしまった。

それでも、高宗治世の三十四年間は、六五七年には西突厥《とっけつ》を撃滅し、さらに六六三年には高《こう》句麗《くり》をほろぼし、また百済《くだら》に味方する日本海軍を白村江《はくすきのえ》に撃滅して、新羅の半島統一を成就させるなど、四辺に輝かしい外征上の功業をたてたが、これらの成功は、太宗以来の功臣である蘇定方、李勣《せき》、李靖《せい》らの力によるもので、いわゆる親の七光の賜物といえよう。

弘道元（六八三）年に高宗が崩じると、遺詔によって皇太子李顕《りけん》（武后の第三子）が、六八四年に即位（中宗《ちゅうそう》）したものの、実権は皇太后の武后に握られ、国政はすべてかの女の方寸に出た。まもなく一ヵ月余りで中宗は廃されて、弟の李旦《りたん》が二十四歳で代わりに立った。睿宗《えいそう》である。

しかし、睿宗は皇帝に冊立されはしたが、武后の政権に対する執心は、中宗のときよりももっと露骨であった。かの女には睿宗の存在など眼中になく、正々堂々宮中の正殿である紫宸殿《ししんでん》に出御して称制（政務を専決）するようになった。

❖武周革命―皇帝になった則天武后

高宗が崩じたとなると、これまで病弱の高宗を輔けて三十余年間、国政を専らにしてきた武后の自信と政権への野望とは、「隴《ろう》をえて蜀《しょく》を望む」のたとえではないが、ついにかの女をかり立てて、女性の身ながらも、名実ともなう皇帝位をのぞませるようになった。

高宗の崩後、前述したように、中宗（第三子）・睿宗（第四子）が相ついで立ったものの名ばかりで、武后の称制はつづき、その間に武后即位のお膳立てが着々と整えられ、六九〇年ついに、睿宗をはじめ王族、高官や、国都長安はもとより遠近の人民、周辺諸部族の族長ら六万余人の請願を承けて、前代未聞のことながら、女人の身で帝位に即き、国号を周《しゅう》と改め、天授と年号した。時に武后六十余歳であったといわれる。

則天武后が帝位について、別の王朝周国を興したとなると、唐朝は一時中絶することになり、ここに哀れをとどめたのは睿宗である。そこで睿宗は保身の策として、みずから譲位して皇嗣(皇太子)となり、李氏を改めて武氏を与えられた。子が母に譲るという、これも前代には未だ聞かない奇異な事象が生じた。史家はこれを武周《ぶしゅう》革命という。

ちなみに、わが日本では、この年が女帝の持統天皇四年にあたるが、ここに東アジア歴史世界では、東西に二人の女帝が並び立つことになった。

こうして武后は、皇帝となって十五年間にわたり、唐朝とは国祚を異にする周国を新たに興して正朔《せいさく》を改めていることは、漢(前漢)室をうばって新《しん》王朝を建てた王莽《おうもう》の顰《ひそみ》にならったものといえよう。

ちなみに、則天武后が唐祚をうばって新しく周朝を興したことが、かの女としていかに大真面目な所業であり、また誇大妄想的でもあったかの一証として、嵩山《すうざん》の封禅《ほうぜん》について一言しておきたい。

かの女は即位すると、直ちに東都洛陽に行幸して、万端の準備を整えたのち、その東南の嵩山(河南省登封県)に登頂して、古式に則り大がかりな封禅——天子が即位のはじめ天神・地祇や河神を祀る儀式——をにぎにぎしく挙行しているが、洛陽を「神都」と称したのも、このころからであろう。なお嵩山の麓には、西周の周公の測景台(視天台)址があると伝えられている。おもうに、周室を興した武后の心意気としては、千五、六百年前の周公に、あやからんとした思いがあったのかも知れない。

最後に則天武后について、弁護めいたことを付け加えておくと、かの女は唐祚を簒奪したということで、稀代《きだい》の悪女的イメージが、一般に強く印象づけられているが、かの女が専権をふるった高宗治世の後半ごろから、かの女が死没するまでをふくめて約三十数年間をみると、内廷では武后を中心に権謀術数が渦巻いてはいたものの、その権勢は、司馬光も「武后勢ハ傾ク二海内ヲ一」（『稽古録』巻十五）というように揺るぎなく、社会上は比較的平和がつづき、つぎの玄宗時代の開元の盛期につながる、かずかずの文化的事業が行われていることは注目に値する。その一つとして竜門石窟の造営について、ふれてみよう。

❖竜門石窟の造営

竜門の石窟は、洛陽の南十三キロ、伊水をまたいで、その東西両岸に拓《ひら》かれており、北魏第六代の孝文帝が、平城から洛陽に遷都した太和十八（四九四）年から、北の雲崗石窟にならい、国の威信と皇帝の尊厳とを発揚すべく造営がはじめられた石窟寺院である。

最初の石窟は古陽洞《こようどう》といわれ、北海王の元詳《げんしょう》が造営したもので、五〇〇年に、第七代宣武帝《せんぶてい》が父母の孝文帝夫妻のため、二洞を拓いたのが国家的事業のはじめである。しかし、この二洞

竜門石窟（奉先寺大仏）

は、規模があまりに大きすぎて未完成に終わった。北魏時代のものとしては、このほかに賓陽洞の三基があり、この賓陽洞《ひんようどう》は、仏像のほか帝后の行列像で有名である。なお、北魏朝の後半からつぎの北斉朝にかけて、古陽洞の修治と新しく蓮華洞《れんげどう》が開削された。

隋代から唐初にかけては、賓陽洞が修治され、ついで高宗治世の前半期になると、七世紀中ごろには、敬善寺洞の開削が完成しているが、この洞の造営事業は、太宗の妃である韋《い》太后によって行われたといわれる。

さきにいった高宗の治世は、七世紀なかばから後半にわたる三十四、五年間（六四九～六八三）であるが、竜門石窟の造営は、この時代が最盛期であり、双洞、万仏洞、獅子洞、恵簡洞《けいかんどう》、奉先寺洞《ほうせんじどう》などが相ついで開削されている。なかでも後半期――武后執政期の六七〇年から十年間の歳月をかけて営まれた奉先寺洞は、最大の規模をもち、その指揮にあたったのは、奉先寺座主の善導《ぜんどう》禅師（六一三～六八一）である。善導は法然《ほうねん》上人の善知識として、わが国仏教界でも有名な善導大師のことである。

この奉先寺洞の中央の七・四メートルを計る大盧舎那仏《るしゃなぶつ》の堂々たる容姿は、則天武后を模したといわれるように、その実際上の施主は則天武后であり、総工費は武后の化粧料によって、まかなわれたといわれる。

ちなみに、高宗・則天武后までに造営された諸窟洞は、いずれも（伊闕《いけつ》西山にあり、これらに対して、玄宗以後は、主としてその対面の東山に拓かれている。

武后の奉先寺洞について連想されるのは、有名な長安（西安）の慈恩寺大雁塔《じおんじだいがんとう》である。

もともと慈恩寺は、高宗が皇太子時代の貞観二十二（六四八）年に、母の文徳皇后（太宗の皇后）の慈恩に報いるため造営した寺院である。これよりさき貞観十九年一月、十七年間にわたるインド求法の旅から長安に帰朝した玄奘三蔵《げんじょうさんぞう》を、この寺に迎えて上座とし、その寺域内に翻経院を建てて、かれがインドから将来した多くの仏典を漢訳する大事業を興させた。

玄奘は、ここに住座して、死没するまでの十九年間、内外幾多の知識――中国およびインド・西域諸国の僧たち――を集めて訳経に専念した。かれが主宰して漢訳した仏典は、七四（?）部一、三三五（?）巻に達したといわれる。

ちなみに、玄奘訳の漢文仏典は原典を正確・忠実に訳しており、かれ以前の訳経が意訳を主としているため、以前のものを旧訳、玄奘訳のものを新訳という。

仏典漢訳の大事業とともに、玄奘がインド・西域から将来した経典や仏像などを収納するために建てられた五層の塼塔《せんとう》は、武后治世の長安年間（七〇一～七〇五）になると、七層の大塔に改築されたが、その塼塔が有名な慈恩寺大雁塔である。ただし現在の大雁塔は、その後北宋時代に火災にかかり、明代の嘉靖なかごろに重修が加えられている。

玄奘をはじめとする多くの求法僧たちの渡天とともにはじまったインドとの直接交通は、インド仏教美術の流入を盛んにして、それまでの西域的な表現形式とは異なるグプタ朝様式が、採り入れられるようになったことも注目される。

さらにいま一つ、高宗・則天武后時代の特異な文化現象としてあげられるのは、ササン朝文化・文物の中国への流入である。

❖ササン朝ペルシア文化・文物の移入

ササン朝の文化・文物が中国へ伝播しはじめたのは、この国が飛躍的発展を遂げたシャープール一世からコスロウ一世のころといわれる。三世紀から六世紀後半ごろであるから、中国では三国時代末から南北朝時代の北魏末ごろにあたる。やがて六五一年に、この国がイスラーム軍にほろぼされると、その王族や貴族らの一部、あるいはイスラーム教を信奉することを拒《こば》んだ多くのイラン人たちは東方に逃れ、シルクｰロードをへて中国の長安や洛陽などの諸都市

ポロ競技（章懐太子陵墓の壁画）

に難民として移り住んで、その優れた文物や技術を伝えた。いや、ただに文物・技術ばかりではない。つぎに述べるように、中国人の日常生活にまで異国趣味がもちこまれた。

『旧唐書』の「輿服《よふく》志」によると、唐代に胡服《こふく》が流行して、子女たちのうちには、胡服を着て胡楽《こがく》を習うものもあるといい、あるいは、唐墓からの出土品の中には、胡服乗馬してポロ競技を楽しむ貴婦人の陶俑もみられる。また長安や洛陽の大都市では、胡食（ペルシア料理）や胡酒（ぶどう酒）を売る酒場も出現し、そこでは胡姫《こき》（ペルシア娘）がサーヴィスしたという。李白は「少年行」と題する詩の一節に、

　落花踏みつくして、いずれの処にか遊ぶ。笑って入る、胡姫酒肆《しゅし》の中《うち》。

などと詩《うた》い、詩人王翰《おうかん》も、長安の遊蕩児《ゆうとうじ》たちが、このような酒肆《バー》で瑠璃《るり》の杯に葡萄酒《ぶどうしゅ》を傾けていたことを「涼州詩」の中で「葡萄の美酒、夜光の杯」などと形容している。

なお、隋唐時代を中心とするイラン文化（ササン文化）の中国流入に関しては、石田幹之助『長安の春』（創元社、一九四一年）、および近刊

の『石田幹之助著作集第二巻』（六興出版社、一九八四年）などを参照されたい。

このような異国の文物や異国趣味が、中国社会において日常生活にまでもちこまれたことは、則天武后の文化に対する自由で鷹揚《おうよう》な態度によるところが、与《あずか》って力があったものと思われる。

さて、さしも権勢をほしいままにした則天女帝も、寄る年波にはかなわず、七〇五年に八十三歳──則天の卒年については八十二、八十一、七十七などの諸説がある──で死の床につくと、さきに廃位された実子の中宗顕《けん》が再び後継して、国号も周から唐に復《かえ》ることになった。

こうして、唐の国祚は再び存続することになったものの、復位した中宗は、父の高宗に輪をかけたような薄志弱行の性格であり、皇后の韋氏は、先朝の武后をまねて権勢を独り占めにし、ついに七一〇年中宗を毒殺したため、武后の二の舞をおそれた中宗の弟李旦（睿宗）の三男隆基（のちの玄宗）は、兵を挙げて韋太后の一党を殺し、父の李旦を帝位に復し、みずからは皇太子を拝した。やがて翌々七一二年、皇太子隆基が父の睿宗を承けて即位し、ここに唐朝の生気はよみがえることになった。玄宗皇帝（七一二～七五六）の治世である。

第三節　清朝の西太后

中国史のなかで、女性の身をもって政権をもっぱらにした歴史的人物として最後にあげられるのは、清朝の第九代文宗咸豊帝《かんぽうてい》の妃孝欽《こうきん》皇后、のちの西太后《せいたいごう》であろう。

西太后（一八三五〜一九〇八）は、満洲旗人《きじん》（日本流でいえば旗本《はたもと》）の出自で、清朝の宗室の姓である愛新覚羅《アイシンギョロ》氏に出自した太祖ヌルハチに、最後まで敵対した外様《とざま》系の葉赫那拉《エホナラ》氏に属する。

かの女は十八歳のとき、清朝の固有の慣習である「挑選八旗秀女」（旗人の娘を女官に選ぶ）に合格して女官となり、その聡明さと美貌《びぼう》とによって、やがて咸豊帝の寵愛をうけ、咸豊六（一八五六）年、二十一歳のとき、帝の第一皇子（のちの同治帝《どうちてい》）を生んだ。世にいう才色兼備のほかに、好運にもめぐまれた女性だといえる。この点は則天武后にやや似ている。

❖離宮に逃避した咸豊帝

咸豊帝の治世（一八五〇〜六一）は、清朝もようやく衰運のきざしをみせはじめ、文字どおり内憂外患こもごもいたる、国家存立の危機にかかわる時代であった。

たとえば、咸豊帝治世の十一、二年間のおもな事件を列挙しても、内乱としては、太平天国革命乱の勃発（一八五〇）、太平天国軍の南京占領（一八五三）、また西域のカシュガルを中心とする回教徒（イスラーム教徒）の乱（一八五七）などの大規模な反乱、あるいは外患としては、イギリス船籍のアロー号事件に端を発した（一八五六）英・仏連合軍の北京進入（一八六〇）、およびそれにともなう、天津条約の調印と北京協定の締結（一八六〇）などがある。

なかでも、一八六〇年に調印、締結された天津条約と北京協定とは、史家によって第二次アヘン戦争・第二次南京条約ともよばれるように、清朝が欧米列強によって半植民地化される緒《いと》口《ぐち》をなすものであり、のちの義和団《ぎわだん》運動の誘因をなすものでもあった。

ところが咸豊帝は、これら諸事件の重圧に堪えかねて、熱河《ねっか》離宮に逃避して政務を投げ出し、后妃の孝欽（西太后）に政務の執行を委ねたため、政権はかの女が手中に握ることになった。

このようにみてくると、かつて清初に、百数十年間もの長い盛世期の礎《いしずえ》をきずいた康熙帝《こうきてい》が、十九歳で三藩《さんぱん》の乱に立ち向かって、ついにこの大乱を平定したこと、あるいは一六八九（康熙二八）年には、優位に立ってロシア帝国とネルチンスク条約を結んだこと、などと比べると、国家の興隆期の皇帝と、衰頽《すいたい》期の皇帝との気力・器量のちがいが、国の興亡に、いかに大きくかかわっているかが、改めて問われるであろう。

❖二人の太后による垂簾政治

一八六一年、咸豊帝が熱河離宮で崩じると、遺詔を承けて五歳の第一皇子が即位した。穆宗《ぼく》同治帝である。西太后が皇帝の生母として権勢をふるうには、うってつけの条件が、整ったわけである。

同治元（一八六二）年、かの女は太后として、先帝の正皇后であった慈安《じあん》皇太后（東太后）とともに、議政王の恭親《きょうしん》王（奕訢《えききん》）の後見をうけて、幼帝の摂政の任にあたることになった。二人の太后による垂簾政治の出現であるが、女性二人による摂政政治は、長い中国の歴史のなかでも、数少ない事例である。

ちなみに、西太后の称は、慈安皇太后が後宮内の東殿に住んで東太后とよばれたのに対し、かの女は西殿に住んでいたためである。

さて、東西二人の太后による垂簾政治は、恭親王を中心とする曽国藩《そうこくはん》、左宗棠《さそうとう》、李鴻章《りこうしょう》らの漢人官僚の輔佐協力によって、約十一年間「同治中興」とよばれる平和期がつづいて、清朝もなんとか立ち直れるかに思われたが、しかし「同治中興」とはいうものの、内廷や中央政府部内では、満人官僚と漢人官僚との間の派閥争いがつづき、中興の成果は、急速にはあがらなかった。

ちなみに、「同治中興」はまた「洋務運動」ともいわれる。それは、いまいった曽国藩や李鴻章ら太平天国革命乱の平定に大功があった漢人官僚が、清朝政府内で勢力をえてくると、かれらは、かねがね欧米の文化・文物をとり入れて、近代的な武器や船艦を造る工場を建て、また外国に留学生を派遣したり、外国語学校を設立したりして、欧米の近代文化・文物の摂取に努めたため、このような政治運動をよんだのである。

❖西太后政権の誕生と狂乱怒濤期

やがて同治十二（一八七三）年、同治帝の「選妃」をめぐって、はしなくも、東太后と西太后との間に確執が生じ、年若い同治帝は、そのあおりを受けたともいわれるが、在位十四年で崩じた。

同治帝の後を嗣いだのは、西太后の暗躍が奏功して、かの女の血統に近い（義弟）醇親王《じゅんしんおう》（奕《えき》譞《かん》）の子で、わずか四歳で即位した徳宗光緒帝《こうしょてい》（一八七五〜一九〇八）である。そして再び東西両太后が、四歳の幼帝を擁し、摂政として垂簾の政治をとることになったものの、すでに政治の大権は西太后の手中にあって、温和な東太后は、名ばかりの摂政にすぎなく、実質上は、西太后政権の誕生といってもよいであろう。

ところが、これ以後の西太后政権時代の三十余年間——このうち十一年間は、徳宗の親政期ではあったが、その期間も実権は西太后の手中にあった――は、さきにみたように、咸豊帝の治世時代に、太平天国革命の動乱やアロー戦争をはじめとする、かずかずの外患・内乱が勃発したが、その時代よりも、さらにそれらに倍する国難に遭遇した。いわゆる狂乱怒濤の時期であった。

西太后（中央）と侍女

というのは、徳宗光緒帝の親政期にあたる光緒二〇～二一（一八九四～九五）年の日清戦争に、清朝が日本に敗れて、その弱体ぶりを世界に暴露したため、欧米列強は、清朝に対して各種の利権をつぎつぎに強要しはじめた。

たとえば、ロシアは一八九六年には、北満洲を横断する鉄道の敷設権を獲得し、さらに同年には南満洲を縦断する鉄道の敷設権、および旅順・大連をふくむ遼東半島の租借権を得た（一八九八）。

またドイツは、山東省の青島《チンタオ》を含む膠州湾《こうしゅうわん》一帯の租借権と山東省内の鉄道敷設権、および鉱山採掘権を獲得し（一八九八）、イギリスは二国に対抗するため、山東省の威海衛《いかいえい》と香港の九龍半島とを租借した。フランスも広東省の広州湾の租借権と広東・広西・雲南諸省内の鉱山採掘権とを得た（一八九九）。まったく傍若無人ともいえる列強の仕業《たかり》であり、中国の半植民地化といわれる所以《ゆえん》である。

❖近代化運動―戊戌の変法・自強運動

このような事態を憂慮した康有為ら一部の漢人官僚・知識人は、国制の変法・自強を唱え、光緒帝の下に政治・経済・社会・文化全般にわたる改革を行うことによって、植民地化に陥《おちい》ろうとする危機を打開しようとし、一八九八年（光緒二四、戊戌の年）に、官制および軍制の改革と科挙の改革、新しい教育制度の確立、人材の抜擢、商工鉱業の振興などを主たる内容とする、いわゆる「戊戌《ぼじゅつ》の変法」に着手した。しかし西太后を中心とする保守派は、この改革運動に反対し、ついにクーデタをおこして光緒帝を幽閉したため、改革運動は三ヵ月余り（百日）で失敗した。

ところが、この改革運動の挫折をきっかけに、いままで列挙してきた列強の強要ばかりでなく、さらにこれに呼応して、容易ならぬ対内問題がおこってきた。義和団運動の勃発である。

❖義和団運動

さきに、清朝が英・仏両国との間で締結した天津条約・北京協定によって、キリスト教の伝道が公認されて中国各地に教会が建ち、中国人の信者もしだいに多くなってくると、これらのキリスト教徒と一般中国人との間には、たえず争いがおこった。

さらには日清戦争後、列強の帝国主義的侵略が激化し、さきにいったように、各種の利権を得て、中国内に鉄道を敷設したり、鉱山を開発したり、あるいは国内を自由に旅行したり、するようになると、外国人の進出に対する中国民衆の敵意は、いっそう増大した。このような状況のもとで、一八九九年、農民を主力とする義和団による反乱が山東省に蜂起し、反乱はたちまち、北中国一帯から東北の満洲地方にまで波及した。かれらは「扶清滅洋《ふしんめつよう》」（清朝を扶《たす》けて外国を滅ぼす）のスローガンをかかげて、外国人やキリスト教徒を排斥し、鉄道や教会を破壊した。

義和団の練武

やがて政府もこの勢いに乗じて、列強に宣戦したため、それは外国人および外国勢力を、中国全土から一掃しようとする運動にまで発展し、天津の外人居留地を攻撃したうえ、北京に進入して清軍と合流し、各国公使館を襲撃した。これに対して、イギリス・フランス・ドイツ・ロシア・アメリカ・日本・オーストリア・イタリアの各国は共同出兵（八ヵ国連合軍）して、北京を占領した（一九〇〇）。

この結果、ついに清朝は、列強に対して多額の賠償金を支払い、各国軍隊の北京駐在などを認めた。この義和団運動の勃発は、西太后の第三次摂政（一八九八〜一九〇八）下の出来事であったため、西太后政権が、その全責任を負うべき立場に立たされたのであった。

❖西太后政権下の立憲運動

清朝は、義和団運動鎮圧後、列強の中国侵圧がいよいよ強まるなかで、ようやく国政改革の必要を痛感し、また日露戦争における日本の勝利をみて、立憲政体を採用することを決意した。清政府は、その下準備として、隋代以来千数百年間つづいてきた科挙制度を廃し、学校出身者を官吏に任用するなど、諸制度の改革に着手し、一九〇八年には、十年後を期して国会を開くことをも国民に公約した。

しかし、時すでにおそく、そのうえ、同じ年の一九〇八年、幽囚中の光緒帝が崩じると、あいついで西太后も円明園《えんめいえん》の離宮に薨《こう》じたので、宣統帝溥儀《せんとうていふぎ》が三歳で即位し、醇親王の摂政をうけて近代化政策を進めようとした。しかし、民心はすでに清政府を離れ、中国人の間には、清朝を打倒して共和政府を樹立しようとする革命運動が、急速に高まっていった。

❖辛亥革命と清朝の滅亡

革命運動の中心的指導者は、広東省出身の孫文《そんぶん》（逸仙《いっせん》）（一八六六～一九二五）であった。かれは、日清戦争ごろからすでに、清朝の打倒と共和国建設とをめざして、「興中会」を中心に運動を進めていた。一九〇五年には、各地の革命団体を結集し、日本において中国同盟会を結成し、三民主義―民族主義・民権主義・民生主義―を綱領としてかかげた。会員は民族資本家、華僑《かきょう》、留学生などからなり、しだいに、その活動を拡大していった。

そのころ清政府は、財政の窮乏を打開するため、鉄道国有化を立案して、外債を募集しようとしていた。しかし、鉄道国有化に反対する運動が中国各地で高まり、とくに四川省では、暴動がおこった。そして、これを機会に一九一一年十月十日、武昌（湖北省）の駐屯軍内に革命の火の手があがり、過半数の省がこれに呼応して独立を宣言した。革命軍は翌年一月、南京に臨時共和政府を樹立して中華民国と称し、外遊中の孫文を迎えて臨時大総統に推戴した。この革命のおこった年が辛亥《しんがい》（かのとい）の年に当たるので、辛亥革命という。

清政府は、実力者の袁世凱《えんせいがい》（一八五九～一九一六）を起用して、時局

光緒帝

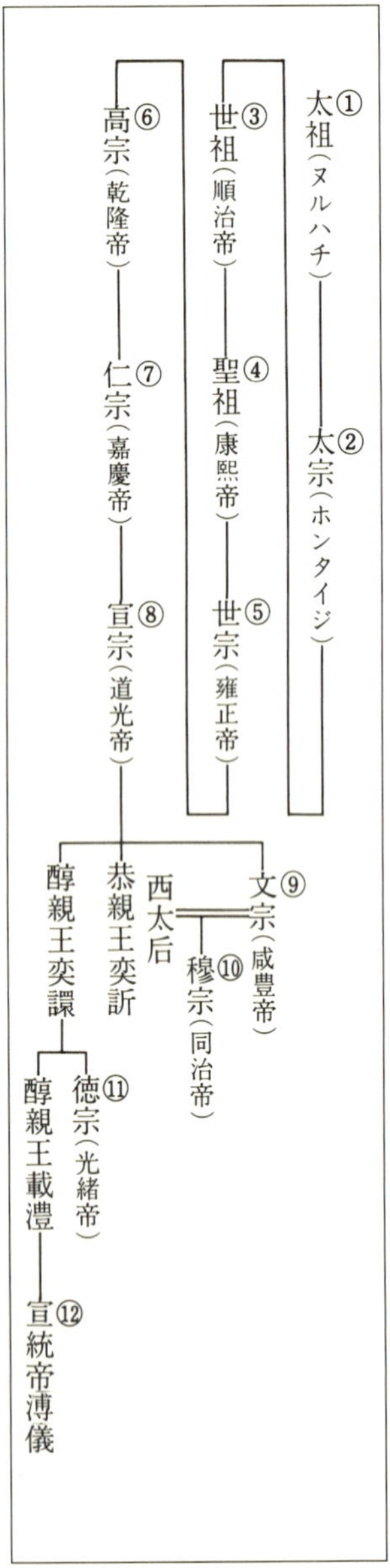

清朝世系略表

を収拾させようとしたが、袁世凱は清政府と革命政府との間にたって画策し、清朝皇帝の退位を条件に、みずからの大総統就任を認めさせた。こうして一九一二年二月、宣統帝は退位し、清朝は中国に君臨してから、約二七〇年で滅亡した。西太后の死後四年目のことであるから、清朝は西太后の死とともにほろんだともいえるだろう。

❖執政者としての西太后の評価

最後に、西太后の生涯をふりかえってみると、かの女は十八歳で入内し、二十一歳で咸豊帝の第一皇子（同治帝）をもうけて以来、生涯を終えるまでの五十有余年を通じ、常時政権の座にあったといえる。

　すなわち、咸豊帝の治世（一八五〇〜一八六一）十一、二年間は、帝の無気力・無精《ぶしょう》の性から政務の全権を委任されて、准摂政ともいえる地位にあった。

　つぎの同治帝の治世（一八六二〜七四）は、東太后と並んで生母として、十三年間摂政（第一次摂政）の位にあって、いわゆる「同治中興」の政治を実現したとはいうものの、それは議政王の恭親王を支えた曽国藩ら有能な漢人官僚の協力・輔佐があったからに、ほかならない。

　さらに徳宗光緒帝の治世（一八七五〜一九〇八）には、第二次摂政期（一八七五〜一八八六）の十二年間と、その後、光緒帝幽閉後から死没するまでの第三次摂政期（一八九八〜一九〇八）の十一年間、ただし第二次摂政期と第三次摂政期との中間にあたる光緒帝の親政期（一八八七〜一八九八）の十一年間も、かの女は、後見人として実権を手中にしていたわけであったから、光緒帝の全治世の三十三、四年間を通じ、摂政として政権の座にあったに等しかったのである。

　けっきょくのところ、かの女は、さきにもいったように、入内してからの五十有余年間、政権をほしいままにしていたことになる。いや、かの女の死後三、四年で清朝が滅亡したことを思えば、かの女は清朝と命運をともにした、といってもよかろう。

　それでは、半世紀以上にもわたる長い年月の間、西太后の政治家、執政者としての真価は、はたしてなんであったのか。四、五歳の年端《としは》もゆかない幼主を二人までも、つづいて擁立して、その摂政となり、恋々として政権にしがみついて、いたにすぎなかった、のではなかったのか。

その間に、ただ一つ同治中興期がとりあげられるとしても、それは実質上は、議政王の恭親王を中心に、曽国藩ら有能な漢人官僚の手腕によるところが、与って力があったからといえる。

それに反して、かの女の大きな失点は、光緒帝の戊戌《ぼじゅつ》の新政を、あたら頑迷な満人老臣たちに組みして圧殺したばかりでなく、さらには、義和団の暴力による排外運動をそそのかして、国運を危殆《きたい》に陥れ、ついに協力的な漢人官僚たちから見はなされたことであろう。

これを同じ征服王朝でもある、北魏朝の孝文帝の治世前期の十五年間、摂政として盛世期を現出した文明太后と比べてみると、かの女は、同族の鮮卑人《せんぴじん》の宿老たちと、有能な漢人官僚たちのブレーンとを巧みに馭《ぎょ》して、均田制の制定や、その裏付けとなる三長制（隣り組制度）の施行や、あるいは官俸の制定など、幾多の国政上の難問を見事解決して（第一節「北魏朝の文明太后」参照）、北魏朝の盛世を迎えたことと考えあわせると、同じ女性としても、両者の間には政権者としての資質、手腕において大きなへだたりのあることが知られるであろう。

さくいん

【あ行】

哀帝……八六
握衍朐鞮単于……一四一
閼氏：一二四・一二八・一二九・一三一・一四三
亜父范増……二三
アロー号事件……二三〇
アロー戦争……二三三
安帝……一〇七
韋氏……二二八
韋太后……二二四
伊稚斜単于……一二五・一三九
右日逐王……一四二・一四四
烏孫（王，国，族）：一一
一一三・一二七～一三五
雲崗石窟……二〇四・二〇五・二一三
盈……四六・四八・五二・五四・五七・六七・七四
衛青……一〇二・一二六・一三九
睿宗……二二一・二二二・二二八
「越吟」……二八
葉赫那拉氏……二二九
袁紹……一六八・一七七
袁世凱……二二七・二二八

『燕然山銘』……九九
閻立本……一五一
王翰……一二七
翁帰靡……一二四
王皇后……二〇八・二〇九
王嬙……一五一
王昭君……一一一・一三五～一三八
一四二～一四四・一四八～一五四・一六四
『王明君辞』……一四四・一四五・一四九
王莽……八六・八七・九八・一二二
王陵……六二・七三
於扶羅（単于）：一七三・一七五
一七六

【か行】

懐王……一五・六六・六七・七〇・九三
「垓下の詩」……二六・二七・二九・三二
三三・四四～四六
垓下の戦い……一二・二四・二六
二七・三二・三五・四七
蓋呉の反乱……一八三
科挙制度……二二六
霍去病……一〇二・一二六・一三九
郭沫若……一六五
郭茂倩……一四五

河西回廊……一二三
河西四郡……一〇三
葛洪……一四四・一四五・一四八
『括地志』……二三〇
『楽府詩集』……一四五・一五〇
甘英……一〇六
漢王劉邦……二六・三七・七〇
『漢記』……二七
『漢儀』……九八
「漢宮秋」……一五一
顔師古……二二八
『漢書』：二九・四〇・四九・五五・五八・六三
七八～八〇・八四・九一～九九
一〇二・一二八・一六五
韓信……二四・三二・五七
七〇～七二・一一八・一一九
漢帝国……四〇
咸豊帝……二二九～二三一
二三三・二三八・二三九
魏……一六八
『魏書』……一八二・一八三・一八九～一九一
一九五・一九六・一九八・二〇〇～二〇二
義帝……一六・二三・六七・七〇・九三
李布……一二〇
牘……一二二

『旧唐書』：一五七・一五九・一六二・二一七
恭親王……二二九・二三〇
恭宗……一九二・一九三
匈奴王国：一一二・一一三・一一七・一一九
一二〇・一二三・一二四
一三九～一四一・一四四
義和団運動……二三〇・二三四・二三六
均田法……一八七・一九〇
一九一・一九四・一九五・一九七
一九八・二〇二・二〇三・二三〇
虞（姫，美人）……一七～二〇
三三・四六
「虞美人の詩」……二七
軍須靡……一三三・一三四
軍臣単于……一二二・一二三・一二五
稽侯珊……一四一
計口受田（的土地政）策
……一九二・一九三・一九五・一九七
黥布……七二
黥布の乱……四四・五一
『芸文類聚』……四
月氏族……一一三・一一五・一一六
一二三・一二四・一二八・一二九
『源氏物語』……一三六
元詳……二二二

玄奘三蔵……二五・二六
玄宗……二三・二八
献帝……一六六・一六八・一七二・一七七
元帝……一三五〜一三八・一四二・一四三
献文帝……一八四・一九四・二〇四
項羽……一二・一四〜一七・一九〜二一・二三〜二五・二七〜三一・三三〜三七・三九・四〇・四六・四七・六三〜七二・七五・九一・九三・一一六・一一八
「項羽」……三一
項燕……一五
項王……二一・二三・二七
康熙帝……二三〇
孝欽皇后……二一九・二三〇
黄巾の乱……一六八・一七四
孝恵帝……四六・四八・四九・五四・五五・五七〜六〇・六二・八四・一二〇
孝景帝……一二二・一二三
「鴻鵠の歌」……四五・五二
黄鵠の歌……一三三
高山の四皓……五一
更始帝……八七
高祖（劉邦）……二八・四〇・四四〜五四・五七〜五九・六一・六三・七一〜七五・九二・一一〇・一一三・一一六〜一二〇・一二三・一四二・一五五
高宗（治）……二〇七〜二一一・二二三〜二二六・二二八
高宗（文成帝）……一八二・一八三・二〇四・二〇五
江都公主……一二一・一二二・一二三・一二五
項伯……二一
孝武帝……六三・一〇二・一一三
光武帝……七八・八七・八九・九六・一七三
孝文帝（漢）……一〇二・一二〇〜一二三・一二八
孝文帝（北魏）……一八二・一八四・一九一・二〇一〜二〇四・二〇六・二二三・二三〇
鴻門の会……一九・二〇・六八・六九・七一
高閭……一八五〜一八九
項梁……一六〜一八・二三・二五
光烈陰……七九
「呉謳」……二八
胡亥……一九
「胡笳十八拍」……一六五・一六九
『後漢書』……八〇・八八・九一・九七・一〇六・一〇七・一三七・一三八・一四九・一六五・一六六
呼韓邪単于……一三六〜一三八・一四一〜一四三・一四五・一四六・一五三・一五四・一七三
『国語』……六三
呉広……一三・一四・一六・一八
『五雑俎』……一四五
吾斯の乱……一七四
呼厨泉……一七二
『後伝』……九〇・九一
昆莫（猟驕靡）……一二二・一二八・一三〇・一三二・一三三

【さ行】

斉王肥……五八・五九
崔寛……一八八
細君……一二一・一二二・一二三〜一二五・一六四
『西京雑記』……一四四・一四八・一四九
崔浩……一八三・一八五・二〇四
蔡文姫……一六四・一六五・一六八・一七二・一七六・一七七
蔡邕……一六五・一七七
左賢王……一六六・一七二・一七六〜一七八
『左氏伝』……六三
左宗棠……二二一
三長（の）制……一八六・一九七〜二〇三・二三〇
三藩の乱……二二〇
三民主義……二二七
慈安皇太后……二二一
子嬰……一九・二三
慈恩寺大雁塔……二一五・二一六
『史記』……一五・一七・二〇・二四・二六〜二九・三一・三三・三四・四四・四七〜四九・五二・五七〜六一・六三・六八・七六・八七・八八・九一〜九七・一〇二・一一三〜一一五・一一七・一一八・一二一
『史記正義』……二八〜三〇
始皇帝……一二・一三・一六・六五・八四・九一・一一三・一一四
『資治通鑑』……二〇七・二〇八
『史通』……九二・九四
郅支単于……一四一・一五四
司馬光……二一三
司馬遷……一五・二〇・二七・二八・三四・三六・四八・五六・五八・六二〜六五・六七・七八・八七・九一・九三〜九七・九九・一一七
謝肇淛……一四五
沙門統……二〇四・二〇五
周……二一一・二一三・二一八
周公……二一二・二一三

『十七史商榷』……九四
周昌……一八・五三・五四・六六
周勃……六二・七三
儒学……四一・八六
叔孫通……七三・九八
『周礼』……一一九
『春秋』……七九
醇親王……二二一
順帝……七九
順烈梁……七九
蕭何……一八・二四・六六・六八・七〇
章邯……一六・一七・一九
粛淑妃……二〇八・二〇九
倢伃……八五
章帝……九一・九七・一〇五
昭帝……一〇四
「少年行」……二二七
『女誡』……八〇〜八二
徐広……一一四
シルク-ロード……一〇三・一四〇・一五七・二二六
新……二二一
辛亥革命……二二七
『新唐書』……一六〇
世阿弥……三一
西太后……一八五・二〇六・二一九〜二二四・二二六・二二八・二二九
青塚……一五三・一五四
成帝……八五・一四三
石崇……一四四・一四五・一四八
赤眉の乱……八七・九八
戚夫人……二八・二九・四六・四七・四九・五一・五二・五四・五五・五七・七四・二一〇
世相（太武帝）……一八二〜一八五・一八九・一九二〜一九四・二〇四
『世本』……六三
『前漢書』……一一二・一二〇・一三〇〜一三二・一三六〜一三八・一四二
『戦国策』……六三
鄯善国……一〇四・一〇六
宣帝……九八・一〇三・一四一
善導禅師……二二四
善導大師……二二五
宣統帝（溥儀）……二二六・二二八
宣武帝……二二三
楚・漢（抗争，戦争，戦い）……一九・二三・二四・二八〜三〇・三七・三九〜四一・四六・四九・七二
曹……七八
曽国藩……二二一・二二二・二二九・二三〇
曹参……六一・六六・七三
曹成……八三
曹操……一六八・一七二・一七七
楚王項羽……二〇・二六・三七
『楚漢春秋』……二八〜三〇・六三・六四
則天武后……一八五・二〇六・二二二・二二三・二二五・二二六・二二八・二二九
楚国……一四・一五・三八・六三・六四・八四
『楚辞』……三九・四〇・七九
蘇州……六四
蘇武……一四〇
ソンツェン＝ガンポ……一一一・一五六〜一六〇・一六二・一六三
孫文……二二七

【た行】

大月氏国……一二四
太祖（道武帝）……一八三・一八五
太宗……一五五・一五七・一五八・二〇六・二〇七・二〇九・二一〇・二一四
太宗（明元帝）……一八三・一八五・一九三
「大風の歌」……四五
『太平御覧』……八八
太平天国革命……二二〇・二二一・二二三
中華民国……二二七
中行説……一二一
中国同盟会……二二七
中宗（顕）……二二一・二二八
趙王……四七・五一〜五五・五七・七四
張騫……一〇一・一〇二・一二四〜一二六・一二九〜一三一
趙高……一九
長恨歌……一三六
張守節……二八・二九
張辟彊……五九・六〇
張良……二〇〜二三・二四・二五・五九・六一・六六・六八〜七〇
陳勝……一三・一四・一六・一八
陳平……二四・六一・六二・六六・六八・七〇・七一・七三・二一八・二二〇
『通志』……九四
『通典』……一五六
『テプゴン』……一六一
天津条約……二二〇・二二四
東胡族……一一三・一一五・一一六
党錮の禁……一〇七
党錮の獄……一〇七
『唐書』……一五六
東太后……二二一・二二三・二二九

董卓……一六八・一七一・一七二
同治中興……二二一・二二二・二二九・二三〇
同治帝……二一九・二二一・二二三
二二八・二二九
頭曼……一一三・一一四・一一六
党里の制……一九八
徳宗光緒帝……二三三～二三四
二二六・二二九・二三〇
吐蕃王国……一五六
杜甫……一三八
吐谷渾……一五六・一五七
吐谷渾王……一六〇
曇曜……二〇四・二〇五

【な行】

『二十二史箚記』……九四
日露戦争……二二六
日清戦争……二二三・二二七
日逐王比……一七三
『日知録』……九四
入吐蕃道……一五九
如意……四七・五一～五四・五七・七四・七五
寧胡閼氏……一四二・一四四・一四六
熱河離宮……二三〇・二三一
ネルチンスク条約……二二〇

【は行】

沛公……二〇～二二・六八
白居易……一五一
馬皇后……一九九
馬続……七九・八二
馬融……八〇・八二
班壹……八四・八六
樊噲……一八・二〇・二二・六九・七〇
班回……八五
班況……八五・一〇一
班固……五五・五八・七八・七九・八三・八四
八八～一〇一・一〇五・一三八
班孺……八四・一〇一
班昭……七八～八四・八八・九二
一〇〇・一〇七・一六五
班倢伃……八五
范増……一六・二〇・二二・六八・六九・七一
班穉……八六
班超……八〇・八三・八八・九〇・一〇〇～一〇八
班長……八四
班伯……八五
班彪……八六～九一・一〇〇・一〇一
班游……八六・一〇一
班雄……一〇七
班勇……一〇七
范曄……一三七・一三八
美人……二九
「美人草」……三一
『白虎通義』……九七・九九
馮太后……一八四～一八六・一八八・一九〇
一九一・一九九～二〇一・二〇三・二〇四
復株累若鞮単于……一四三・一五三
武周革命……二二
「賦頌」……八〇
武帝……四一・六三・八七・九六・九八
一一一・一二一・一二三～一二七
一二九～一三三・一三九・一四〇
文成公主……一一一・一五五
一五九～一六二・一六四
文明太后……一八二・二〇六・二三〇
北京協定……二三〇・二三四
彭越……五七・七二
『法言』……七一
法三章……一九・六七
謀臣……六八・七一
封禅……一一三
北魏……一八二～一八五・一八七～一九二
一九四～一九七・二〇〇・二〇三・二〇四
二〇六・二一三・二一四・二一六・二三〇
『北史』……一八二・一八八
冒頓（単于）……一一〇
一一三～一二一・一二六・一三八
一四二・一五五・一七三
戊戌の新政……二三〇

【ま行】

南匈奴王……一一一
明帝……七九・九〇・九一・九六・九八
一〇〇・一〇二・一〇四・一〇五
蒙恬……一一三・一一四
『文選』……九四
『文然』……一四五

【や行】

友……七四
『幽通賦』……九九
洋務運動……二二二
揚雄……七一・八七

【ら行】

李安世……一九一・一九五・二〇二
陸賈……二八・二九・六一・六三・七三
六郷・六遂の制……一九九
李弘……二〇八

李鴻章……二三一・二三三
李広利……一〇三・一四〇
李靖……二一〇
李世民……二〇六
李勣……二〇九・二一〇
李旦……二二一・二二八
李沖……一八五・一八六・一九一・一九五・一九八〜二〇一
李白……一五一・二一七
劉安……四〇
隆基……二二八
劉敬……一一九
劉建……一一三
劉玄……八七
劉知幾……六三・九四
劉邦……一三・一四・一七〜二〇・二三〜二五・二八・二九・三一・三七・三九・四〇・四六・四七・四九・五三・六三〜六六・六八〜七一・七二・七五・一一六
竜門石窟……二一三
呂（太）后……四八〜五〇・五二〜五五・五七〜六二・七三・七四・八四・九三・一二〇・一二一・一二三・二一〇
「涼州詩」……二一七
『両都賦』……九九
呂沢……五〇
李陵……一四〇
霊帝……一六七
婁敬……六九
老上単于……一三一・一三三・一二八
楼蘭国……一〇三・一〇四
盧綰……二四・五七

【わ行】

和喜鄧……七九・八三
和帝……七八〜八〇・八三・八九・九九・一〇七・一六六・一六七・一七三
和蕃公主……一一〇〜一一三・一三一・一三六・一四九・一五九・一六四

新《しん》・人《ひと》と歴史《れきし》　拡大版《かくだいばん》　17
中国史《ちゅうごくし》にみる女性群像《じょせいぐんぞう》
悲運《ひうん》と権勢《けんせい》のなかに生《い》きた女性《じょせい》の虚実《きょじつ》

定価はカバーに表示

2017年7月30日　　初　版　第1刷発行

著　者　田村《たむら》　実造《じつぞう》
発行者　渡部　哲治
印刷所　法規書籍印刷株式会社
発行所　株式会社　**清水書院**
〒102－0072
東京都千代田区飯田橋3－11－6
電話　03－5213－7151㈹
FAX　03－5213－7160
http://www.shimizushoin.co.jp

カバー・本文基本デザイン／ペニーレイン　　DTP／株式会社 新後閑
乱丁・落丁本はお取り替えします。　　ISBN978－4－389－44117－3